Collection **guides marabout**

Afin de vous informer de toutes ses publications, **marabout** édite des catalogues où sont annoncés, régulièrement, les nombreux ouvrages qui vous intéressent. Vous pouvez les obtenir gracieusement auprès de votre libraire habituel.

Du même auteur :

La Cuisine de la Mer
avec Jacques Le Divellec
(Editions Robert Laffont).

La Cuisine du Terroir
avec les Maîtres- Cuisiniers de France
(Editions Robert Laffont).

CELINE VENCE

La cuisine
au four à micro-ondes

marabout

Sommaire

Avant-propos

Vous possédez un four à micro-ondes ou vous désirez en acquérir un.

Le fonctionnement de ce four ne présente aucun point commun avec celui des fours traditionnels au gaz ou à l'électricité. Avec lui, vous ne compterez plus qu'en courtes minutes, voire en secondes. Décongeler, réchauffer ou cuire, ces opérations vous les effectuerez en un clin d'œil, votre gain de temps sera énorme.

Mais il va falloir aussi changer certaines de vos habitudes, et vous ne pourrez décider qu'après multiples expériences, si ce nouveau matériel va devenir pour vous un four essentiel ou un four complémentaire.

De toute façon, pour en profiter au maximum, il est indispensable de bien comprendre son fonctionnement particulier, de savoir ce qu'il peut ou ne peut pas faire. Avant de vous lancer dans l'exécution de vos recettes familières, **lisez attentivement les premiers chapitres,** vous y verrez qu'il faut réformer certaines pratiques, et vous y trouverez des explications vous permettant d'éviter les erreurs d'utilisation et vous assurant une meilleure réussite.

Comment fonctionne
un four
à micro-ondes

Les micro-ondes, connaissez-vous ?

Oui bien sûr, puisque ce sont des ondes électro-magnétiques à hyper-fréquence, semblables à celles de la radio et de la télévision. On les mesure en Megahertz (MHz) :

radio	560 à 8.000 KHz
	(1 KHz = è millième de MHz)
TV (VHF)	30 à 300 MHz
TV (UHF)	300 à 3.000 MHz
four à micro-ondes	2.400 à 2.500 MHz

Les micro-ondes utilisées dans les fours sont donc en fait identiques aux ondes TV (UHF). Leur fréquence a été fixée par la Convention Internationale de Genève en 1979, en même temps que toutes celles utilisables pour les applications industrielles, médicales et scientifiques. Dans la pratique, les fours à micro-ondes ménagers ont une hyper-fréquence de 2.450 MHz.

Il est bon de préciser que les micro-ondes des fours sont de l'énergie cinétique ; elles sont semblables à celles de la radio, de la télévision, des infra-rouges ou des rayons lumineux, c'est-à-dire qu'elles ne sont pas ionisantes comme celles des rayons X, ultra-violets, gamma, ou cosmiques. Elles ne sont donc pas dangereuses pour le corps humain, comme cela a pu se dire au début de l'apparition de ce nouveau matériel sur le marché. Il y a des années que les Japonais et les Américains utilisent quotidiennement des fours à micro-ondes, et jamais aucun accident n'a pu leur être imputé.

La seule restriction pouvant être émise concerne les possesseurs de pacemaker, une éventuelle interférence d'ondes pouvant perturber le rythme cardiaque.

Comment les micro-ondes agissent-elles ?

Si vous soumettez un aliment à l'action des micro-ondes, ces dernières vont changer l'orientation des molécules d'eau que contient cet aliment. La fréquence étant le renouvellement des ondes par changement de polarité dans un temps donné, et votre four ayant une hyper-fréquence de 2.450 MHz, cela signifie qu'**en une seconde ces molécules d'eau vont changer 2 milliards 450 millions de fois d'orientation.**

Ces changements provoquent des frictions, des frottements. Or, lorsqu'il y a frottement, il y a échauffement ; c'est cette propriété qui est exploitée dans les fours à micro-ondes, l'importance du nombre d'orientations à la seconde produisant une chaleur assez intense pour amener rapidement la cuisson de l'aliment.

Principe d'un four à micro-ondes

Le four à micro-ondes est une enceinte équipée d'un tube à vide à émission thermo-électronique capable d'émettre 2.450 MHz d'énergie micro-ondulaire ; ce tube est dénommé le **magnétron,** c'est la pièce maîtresse du four quel que soit le modèle conçu par le constructeur. Le magnétron est placé à la partie supérieure de l'appa-

Document PANASONIC

reil ; sa durée de vie est d'environ 2.000 heures. Dans les appareils perfectionnés, il peut se changer comme le tube cathodique d'un récepteur de télévision, mais il faut penser que, vu l'extrême rapidité des cuissons, cela lui donne plusieurs années de vie, même avec un usage ménager intensif.

Un bouton de mise en route permet de mettre le magnétron sous tension, prêt à émettre les micro-ondes, et de faire tourner l'hélice qui a pour rôle de balayer ces micro-ondes en les rejetant dans tous les sens. Tout un système de **sécurités** différentes est par ailleurs prévu :

▪ si la porte n'est pas hermétiquement fermée, la mise en route ne peut se faire, l'herméticité étant assurée par un joint en ferrite ou un bourrelet en alliage spécial, voire les deux ; souvent il suffit de toucher le loquet de la porte pour que le fonctionnement cesse ;

▪ des commutateurs indépendants prévus par certains constructeurs agissent complémentairement pour couper l'émission des micro-ondes dès qu'on ouvre la porte ;

▪ sur certains modèles, il existe encore un commutateur

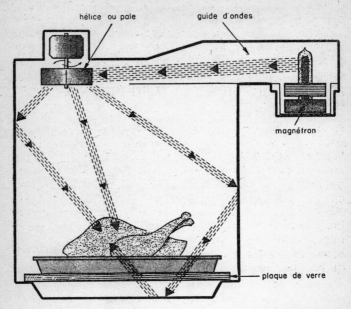

hélice ou pale

guide d'ondes

magnétron

plaque de verre

Document CEDEF

thermique arrêtant systématiquement le fonctionnement si la chaleur devient trop intense ;

■ enfin, le four à micro-ondes est complété par un ventilateur pour aérer et refroidir le magnétron, un filtre à air, des lampes permettant de suivre l'évolution des cuissons, une minuterie sonore permettant de programmer les temps de cuisson.

Les **parois** de l'enceinte du four sont en métal (généralement en acier inoxydable), afin qu'elles n'absorbent pas les micro-ondes, mais les réfléchissent (c'est une caractéristique utilisée pour les radars). Dès que le magnétron fonctionne, que l'hélice a dispersé les micro-ondes, celles-ci se propagent dans le volume utile du four, dans des directions différentes, atteignant directement l'aliment à cuire ou tapant les parois qui les renvoient également en diverses directions, constituant en définitive une masse convergente vers l'aliment.

La paroi avant, la porte, est également prévue avec un écran métallique mais celui-ci est généralement perforé pour permettre la visibilité à l'intérieur du four; cet écran est doublé intérieurement et extérieurement d'une plaque transparente pour éviter que les perforations ne se bouchent à l'usage.

La **sole,** ou paroi-plancher, est également métallique pour jouer son rôle de réfléchissement des micro-ondes, mais elle est munie d'un plateau en verre — souvent indépendant — qui doit être considéré comme une double-paroi, laquelle va permettre aux micro-ondes réfléchies d'atteindre l'aliment par le dessous. Il faut surtout laisser ce plat pendant la cuisson et poser dessus le récipient contenant la pièce à cuire. En effet, un four à micro-ondes est toujours vendu réglé pour que la convergence des ondes atteigne précisément le contenu du récipient qui sera placé au centre de ce plateau.

Comment installer
un four à micro-ondes

Pour fonctionner, votre four n'a besoin que d'un courant de **220 volts et d'une prise de terre.** En ce qui concerne sa puissance, il faut savoir — les fabricants ne l'indiquant pas tous de la même façon — qu'il y a en fait :

▣ la puissance qualifiée de puissance consommée, puissance absorbée, puissance totale, puissance d'entrée, puissance de raccordement, etc., qui représente ce que va consommer votre four, de 1.100 à 3.000 watts selon les modèles, les plus puissants étant surtout des fours destinés aux professionnels de la cuisine ou aux familles qui en ont un usage continu ;
▣ et la puissance dite émise, diffusée, utile, de sortie, parfois également absorbée, etc., c'est-à-dire la puissance servant réellement à la décongélation, au réchauffement ou à la cuisson des aliments, de 70 à 1.600 watts selon les modèles ou selon les positions de fonctionnement, décongélation ou cuisson.

Les fours ménagers simples ont en général une puissance-consommation d'environ 1.300 watts et une puissance-utile de 500 à 700 watts, très généralement 600 à 650 watts. La différence entre ces deux puissances représente ce qui est nécessaire au fonctionnement du magnétron.

L'installation d'un four à micro-ondes

Pour un bon fonctionnement, il est quelques règles strictes à observer :

■ la chaleur et l'humidité étant néfastes à l'émission des micro-ondes, le four ne doit pas être installé près d'une source de chaleur, ni dans un endroit exposé au soleil, ni dans un lieu trop humide où pourraient se dégager des vapeurs ;

■ pour éviter les interférences d'ondes, il est prudent de le placer à au moins 4 mètres de tout récepteur de radio et surtout de télévision ;

■ enfin, il faut veiller à le mettre de façon à ce que **la sole** (le plancher du four) soit **bien horizontale.**

> Un four à micro-ondes n'est jamais chaud extérieurement, même pendant son fonctionnement. Il ne dégage aucune fumée. Il n'est donc pas nécessaire de prendre des précautions spéciales pour les choses qui pourraient être près de lui. Il peut même être posé sur un meuble.

A l'utilisation, évitez les initiatives malheureuses pour mieux faire :

■ n'imaginez pas, pour ne pas salir votre four, de tapisser les parois intérieures d'une feuille d'aluminium comme vous le faites parfois pour votre four traditionnel, tout d'abord parce qu'un four à micro-ondes ne se salit pas puisqu'il n'est pas calorifique et qu'il ne peut y avoir de projections calcinées, ensuite et surtout parce que ce revêtement métallique serait catastrophique pour la vie du magnétron (voir matériaux) ;

■ ne le faites jamais fonctionner à vide, le préchauffage n'étant pas nécessaire dans cette sorte de four qui d'ailleurs ne chauffe pas ; le magnétron s'userait pour rien ;

■ ne le nettoyez pas avec des détergents ni avec une éponge métallique si par hasard vous y renversez un plat ; employez une simple éponge humide, puis essuyez avec un linge sec. Pour cela, débranchez-le, non pour une question d'ondes, mais parce qu'il s'agit d'une précaution à prendre avec tout ce qui est appareil électrique ;

■ ne suivez pas le conseil parfois donné d'y entreposer en permanence un verre plein d'eau; cela est tout à fait inutile puisque les micro-ondes ne peuvent être émises si la touche de fonctionnement n'est pas enclanchée.

Cuissons traditionnelles et cuisson par micro-ondes

Vous avez votre four, vous avez appris à le connaître, vous allez procéder à vos premières expériences. Comprenez encore comment cela va se passer, ce qu'il va apporter de nouveau.

Cuisson traditionnelle par conduction

L'aliment à cuire est dans un récipient posé sur une source de chaleur (cuisson sur le feu). Le fond du récipient commence d'abord à chauffer, puis la chaleur at-

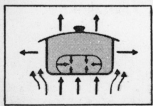

Document PANASONIC

teint la partie extérieure de l'aliment touchant ce fond, le cœur s'échauffe peu à peu en même temps que la paroi du récipient ; pour une meilleure réussite, il est indispensable de retourner l'aliment. L'énergie est calorifique, c'est-à-dire qu'elle cuit en transformant certains éléments du produit comme les protéines, en leur donnant de la couleur. Il y a une déperdition d'énergie calorifique.

Cuisson traditionnelle par radiation ou par convection

L'aliment à cuire est introduit dans une enceinte fermée (four à gaz ou four électrique). La chaleur atteint d'abord la partie extérieure de l'aliment côté sole, puis peu à peu toute l'enceinte du four, enrobant l'aliment lequel cuit alors autant sur le dessus que sur le dessous sans qu'il soit indispensable de le retourner. L'échauffement à cœur se fait progressivement par conduction. L'énergie est calorifique, c'est-à-dire qu'elle cuit en transformant certains éléments du produit comme les protéines en leur donnant de la couleur. Pour une meilleure réussite, il est presque toujours obligatoire de préchauffer le four, afin que toutes les parties de l'aliment soient atteintes en même temps. L'enceinte du four devient chaude, il y a déperdition d'énergie calorifique.

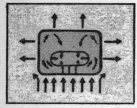

Document PANASONIC

Cuisson par micro-ondes

L'aliment est mis dans le four, dans un récipient couvert, bien centré sur la sole, le temps de cuisson est programmé, le fonctionnement enclenché. **Les micro-ondes**

pénètrent au cœur de l'aliment soit directement, soit après avoir été réfléchies par les parois, par ricochet en quelque sorte. Dès cet instant, les molécules d'eau de l'aliment commencent leur ronde, produisant un important échauffement du produit à cœur, suffisant pour cuire, la périphérie, elle, s'échauffant progressivement du cœur vers la surface. Là interviennent d'énormes différences dans les résultats comparés à ceux des deux premiers modes de cuisson :

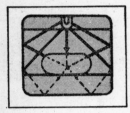

Document PANASONIC

■ les micro-ondes ne sont pas des ondes calorifiques ; cela explique que :

    1°) elles n'apportent aucun changement chimique du produit, seulement un changement d'état physique. Les qualités intrinsèques du produit sont conservées, dont la couleur, ce qui est fort intéressant pour les légumes et souvent un inconvénient pour les viandes, et dont aussi — vu la rapidité de la cuisson — une bonne partie de la teneur en vitamines et en sels minéraux ;

    2°) elles ne peuvent absolument pas «croûter» en surface un aliment, donc elles ne peuvent pas colorer les viandes, elles ne peuvent pas non plus «gratiner» un plat. Si certains constructeurs expliquent que cela est possible, c'est que leur four comporte un palliatif, c'est-à-dire un accessoire spécial dénommé le plus souvent «plat à brunir» (voir accessoires utiles) ;

■ les micro-ondes ont une *longueur limite dite centimétrique* correspondant à la distance parcourue entre chaque oscillation ; c'est pourquoi les fours à micro-ondes sont toujours d'un petit volume utile. Dans la pratique, cette longueur limite correspond à la profondeur de pénétration des micro-ondes, c'est-à-dire **environ 10 cm** pour les denrées aux tissus peu serrés, contenant beaucoup d'eau, **7 à 8 cm** pour les aliments aux tissus plus denses, et seulement **5 cm** pour les produits très compacts, congelés ou surgelés. Cela permet de comprendre les résultats différents que l'on peut obtenir pour un même aliment, sur deux morceaux de volume différent :

□ par exemple, un morceau de viande rouge, épaisseur 10 cm : les micro-ondes atteignent sans peine le cœur du morceau qui commence à cuire le premier ; l'échauffement du cœur vers la surface dépend du temps de programmation ; s'il est court vous aurez un morceau cuit à cœur et moins cuit à l'extérieur, s'il est long, vous aurez un morceau totalement à point ;

□ autre exemple, un morceau de viande rouge, épaisseur 20 cm : les micro-ondes ne peuvent atteindre le cœur du morceau et commencent à cuire une zone correspondant à leur point de pénétration, c'est-à-dire une zone se situant à environ 7 à 8 cm du dessus, du dessous et des côtés ; si votre temps de programmation est court, vous aurez un morceau moins cuit à cœur et moins cuit à l'extérieur avec une zone cuite intermédiaire ; si le temps de pro-

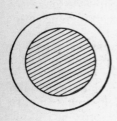

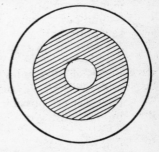

Rôti d'épaisseur normale permettant la pénétration des ondes à cœur (partie hachurée = la plus cuite).

Rôti de gros diamètre ne permettant pas la pénétration des ondes à cœur (partie hachurée = la plus cuite).

grammation est long, l'échauffement se fera de cette zone cuite, en même temps vers la surface et vers le cœur;
■ dans tous les cas, l'enceinte du four reste absolument froide, il n'y a donc pas de déperdition d'énergie.

Les perfectionnements et les accessoires utiles

Il existe de petits fours à micro-ondes tout simples, parmi les moins chers, pouvant tout aussi bien que les autres décongeler, réchauffer ou cuire. Mais les fours, depuis leur apparition sur le marché, se sont modernisés; la plupart des modèles d'aujourd'hui offrent des perfectionnements rendant leur utilisation d'une simplicité enfantine.

■ Les diverses allures de chauffe ou l'intermittence de fonctionnement

En fait le mot «chauffe», presque toujours utilisé, est impropre; il serait mieux de dire «diverses densités d'émission de micro-ondes». Selon les appareils, il peut y avoir **deux allures,** un bouton (ou une position du bouton) pour une allure, c'est-à-dire une pleine puissance, un second bouton (ou une autre position du bouton) pour une plus faible puissance correspondant en général à une allure baptisée **«defrost»** ou **«defrosting»** ou **«décongélation»** (la moitié ou le tiers de la pleine puissance).

Des fours encore plus perfectionnés proposent **trois à cinq niveaux de puissance,** la plus forte correspondant à la cuisson, puis en descendant dans les gradations, une cuisson plus lente, une décongélation rapide, une décongélation lente et enfin un maintien au chaud.

L'avantage de ces multi-allures est que l'émission faible de micro-ondes permet particulièrement de mieux décongeler sans souci, sans risquer une pré-cuisson ou une sur-cuisson des parties les plus minces de l'aliment, de mieux réussir aussi le réchauffement des plats, et surtout certaines cuissons délicates comme celle des crèmes aux œufs ou celle des viandes à mijoter (morceaux à braiser).

La position «décongélation» selon certains systèmes, peut encore commander un dispositif qui établit et coupe le contact automatiquement toutes les 5 secondes, ce qui équivaut à un ralentissement de l'émission des micro-ondes.

■ Le double magnétron

Toute dernière nouveauté (Hobart-Panasonic-Gourmet) : le four à double magnétron, c'est-à-dire le four à double système d'émission — par le haut et par le bas — ce qui accroît l'uniformité de la cuisson. Ce système permet également des **cuissons à deux niveaux,** le four comportant deux plateaux superposés pouvant recevoir les plats ; il s'agit d'un véritable outil pour professionnels ou grandes familles.

> Certains constructeurs ont également mis sur le marché des fours mixtes pouvant être utilisés soit en four classique à convection, soit en four à micro-ondes, ce qui représente un summum. Mais attention, dans ces fours, le choix des plats possibles est encore limité, le matériau dont ils sont faits devant obligatoirement satisfaire aux obligations des micro-ondes et résister à la chaleur de la cuisson par convection à pouvoir calorifique (voir matériaux).
>
> Exemples : Arthur Martin — Kenwood ou Bauknecht proposant en outre une opération chauffe-plats.

■ Le plateau tournant

Pour de nombreuses cuissons — vous le verrez dans les recettes — il est recommandé de procéder en plusieurs étapes, tout au moins de faire pivoter une fois le plat contenant les aliments d'un demi-tour, surtout si ceux-ci sont épais ou n'ont pas une forme régulière, le but étant d'obtenir une plus grande uniformité de la cuisson sur toutes les parties du produit à cuire. Pour éviter ce petit travail, ou plus exactement cette petite contrainte d'attention, de nombreux constructeurs ont conçu sur la sole un plateau tournant éliminant toute préoccupation de cet ordre.

■ **Le filtre amovible**
Dans les fours perfectionnés, le filtre présent dans tous les modèles pour retenir les éventuelles vapeurs grasses, est amovible, ce qui permet un nettoyage périodique fort facile.

■ **La porte-comptoir**
Elle a ainsi été dénommée par Panasonic-Matsushita parce qu'elle peut servir de support au plat hors du four, ce qui n'est pas du tout recommandé dans les modèles courants.

■ **La touche automatique «temps»**
Un réglage spécial permet de déterminer automatiquement le temps à programmer, en fonction du four, de la nature de l'aliment, et de son poids.

■ **Le plat à dorer, dit encore plat à brunir**
Les micro-ondes ne colorent pas puisqu'elles ne sont pas calorifiques. Pour pallier cet inconvénient, les fours sont souvent vendus avec l'option d'une plaque ou d'un plat spécial à rigoles, comme celui qu'a conçu la firme Corning, par exemple.

Pour utiliser cet accessoire, il suffit de l'introduire au préalable dans le four, de mettre en position cuisson jusqu'à ce que ce plat soit bien chaud, ce qui demande environ 6 à 10 mn (un mode d'emploi donne toutes les précisions voulues). Il suffit alors de poser l'aliment (généralement une tranche de viande), à même cette plaque très chaude, pour qu'il se colore comme sur un gril-contact. La cuisson se complète ensuite normalement par le système micro-ondes. Thermador, au lieu de plat à brunir, propose un four avec un chauffage électrique de voûte en complément.

■ **Il n'existe pas encore, malheureusement, d'accessoire pour gratiner**
Les professionnels peuvent employer un fer à rougir à la sortie du micro-ondes. En cuisine ménagère, la seule solution actuelle est de passer le plat quelques secondes sous la voûte allumée du four traditionnel.

Les récipients à employer

Il est une loi absolue : pour que les micro-ondes atteignent l'aliment à décongeler, à réchauffer ou à cuire, il faut que le récipient dans lequel vous l'avez placé se laisse traverser par elles, sans les réfléchir. C'est là une question de matériaux culinaires. On peut les subdiviser en deux catégories, selon ce que l'on appelle leur *rigidité diélectrique,* c'est-à-dire leur opposition plus ou moins forte au passage des micro-ondes :
□ ceux qui les réfléchissent et ne conviennent absolument pas ;
□ ceux qui se laissent traverser par elles et peuvent être utilisés, soit sans réserve, soit avec certaines restrictions qu'il faut connaître.
Voici un petit tour de ces matériaux.

Le métal

Réfléchissant les micro-ondes, **le métal ne convient absolument pas.** Dans un récipient métallique, l'aliment reste tel quel, sans chauffer ni cuire. De plus, **les micro-ondes réfléchies par lui risquent de détériorer le magnétron.**

Par métal, il faut comprendre non seulement les récipients en aluminium, en inox, en cuivre, en fonte, etc., mais encore les plats à revêtement genre téflon, la feuille d'aluminium ménager, les plats décorés au platine, à l'or, à l'argent, même s'ils sont dans un autre matériau convenant bien, tous les petits ustensiles métalliques comme les brochettes, ainsi que les liens de sachets, à armature.

La faïence, la porcelaine, la céramique, le verre

Ce sont d'excellents matériaux pouvant par ailleurs passer directement du four sur la table, en participant à son décor, puisque la cuisson par micro-ondes, n'étant pas calorifique, ne produit pas de projections susceptibles de salir ces plats, ce qui ajoute encore au gain de temps en évitant la vaisselle. Ces matériaux permettent également le service à l'assiette tant à la mode aujourd'hui en grande restauration, la cuisson pouvant s'effectuer directement à la portion, dans l'assiette individuelle, pourvu que celle-ci soit couverte, pendant son passage au four, avec une calotte retournée par exemple, ou avec une cloche à fromage en verre.

> **Pendant leur cuisson au four micro-ondes, les aliments doivent obligatoirement être couverts** car le déplacement des molécules d'eau entraîne un dégagement de vapeur assez important qui risquerait de gêner l'émission des ondes si elle s'échappait dans l'enceinte du four, ou d'amener un dessèchement important du produit.

Restrictions

□ Pas de vaisselle (assiettes notamment) avec filet platine, or ou argent.

□ Pas de céramique artisanale, car si elle a été mal cuite ou si elle comporte quelque insoupçonnable fêlure, elle risque de se briser.

□ Pas de récipient à anses (tasses) lorsque celles-ci sont collées — ce qui est fréquent — les micro-ondes pourraient agir sur la colle, selon la nature de celle-ci, et les détacher.

□ Quant à la terre vernissée... tout dépend du traitement qu'a subi le récipient ; par contre, la terre non vernissée (diable, récipient type Romertopf) est parfaite, permettant de cuire rapidement avec simple ajout d'un peu de liquide, pas trop, mais toutefois, là encore, méfiez-vous des fêlures imperceptibles.

La porcelaine à feu, le verre à feu, et autres matériaux de cette catégorie

En matériaux culinaires ils ont noms : pyrex, duralex (Sovirel), pyroflam, calexium (Corning, Chill therm), arcoflam (Cristalleries d'Arques), etc. Ce sont les matériaux parfaits pour les micro-ondes, la plupart de ces récipients étant en outre munis d'un couvercle transparent permettant de suivre la cuisson. Sans hésitation, choisissez-les, le reproche qu'on leur fait parfois « d'attacher » n'ayant plus ici d'objet.

Aucune restriction.

Les boîtes plastiques et les films

Le four ne dégageant pas de chaleur et les plastiques laissant pénétrer les micro-ondes, théoriquement il est possible de les utiliser, mais il ne faut pas oublier que si le four ne chauffe pas, le déplacement des molécules amène un échauffement important capable de cuire, et que cet échauffement se propage par conduction... certains plastiques pourraient donc ou se déformer ou ne pas résister.

> Faites l'expérience suivante : versez de l'eau dans un verre, placez-le quelques secondes dans le four, faites fonctionner. Saisissez le verre, il est froid bien que l'eau soit chaude, mais au bout de quelques secondes, hors du four, vous ne pouvez plus le tenir.

Les films, quant à eux, doivent être percés de quelques petits trous faits avec une aiguille pour éviter leur éclatement sous l'effet du dégagement de vapeur à l'intérieur de l'emballage.

Attention !
□ **Les objets en laque** (certains récipients chinois) sont à éviter, leur coloration risquant de ne pas résister à la chaleur de l'aliment ;
□ La **mélamine** ne doit pas être considérée comme un plastique mais comme un métal.

Les assiettes en carton, le papier sulfurisé, le papier absorbant, les serviettes en papier, les torchons

Ils sont parfaits lorsqu'il ne s'agit que de réchauffer des préparations sans sauce, comme des sandwiches, des gâteaux, des tourtes, etc.

Restrictions
Il faut pourtant avec eux se méfier des préparations susceptibles de rendre du gras ou du liquide en chauffant. Il faut aussi éviter les matériaux (papier ou carton) paraffinés si on est amené à obtenir une température relativement élevée, car la paraffine fond à 50°.

Le bois, la vannerie

Ce ne sont guère des matériaux culinaires habituels et l'idée ne vient pas toujours de les utiliser. Pourtant, il faut y penser, par exemple le matin à l'heure du petit déjeuner, pour réchauffer en quelques secondes les croissants dans leur corbeille, ou encore, à l'heure de l'apéritif, pour présenter bien chauds les petits feuilletés amuse-gueule déjà disposés sur leur plateau en bois.

Restriction
□ Bois et vannerie ne doivent pas être vernis.

Attention !
N'oubliez pas de couvrir corbeille ou plateau avec un linge ou des serviettes en papier.

> Si vous avez choisi un four mixte micro-ondes et convection, la liste des matériaux culinaires convenant aux deux modes de cuisson est limitée à la porcelaine à feu, au verre à feu et aux autres matériaux de la même catégorie.

Applications pratiques du four à micro-ondes

Quelle que soit sa marque : A.E.G. (R.F.A., également marque Neff) — Arthur-Martin — Bauknecht (R.F.A.) — Brandt (également différentes marques : De Diétrich, Rosières, Sanyo (le constructeur japonais), Sauter, Thermor, Thomson, Vedette) — Cadillac (Etats-Unis, également marque Amana, le constructeur) — Hitachi (Japon) — Hobart — Husqvarna (Suède) — Isem — Kenwood (Grande-Bretagne) — Litton (Etats-Unis) — Miele — Moulinex — Panasonic (constructeur japonais Matsushita) — Philips (Suède) — Practico — Scholtès (constructeur américain Litton) — Scharp — Siemens (R.F.A.) — Termador (Etats-Unis) — Toshiba (Japon) — etc., certaines de ces marques équipant les Professionnels, quels que soient les perfectionnements qu'il comporte, votre four à micro-ondes peut être utilisé pour quatre opérations culinaires distinctes :
- décongeler
- décongeler et cuire
- réchauffer (on dit encore régénérer)
- cuire

mais il ne faut pas oublier que nous sommes là devant un nouveau matériel dont on n'a pas encore évalué toutes les possibilités.

> La gamme de prix d'un four à micro-ondes est très étendue : de 1.800 à plus de 10.000 FF

Les constructeurs eux-mêmes, disent du four à micro-ondes :

□ pour *régénérer (réchauffer)* : qu'il est un matériel parfait du fait qu'il est rapide et n'apporte ni dessèchement, ni dénaturation de saveur ;

□ pour *décongeler* (de préférence four à plusieurs allures) : qu'il est un matériel excellent ;

□ pour *cuire* : qu'il peut réserver des surprises, tout restant à découvrir à ce sujet.

De toute façon, pour chacune de ces opérations, il est des notions essentielles à ne pas oublier.

<u>TRES IMPORTANT</u>

Pour l'utilisation du four à micro-ondes, la notion de degré de chaleur n'existe pas, il faut la remplacer par une notion de temps.
La durée d'une opération est toujours courte, se comptant en secondes ou en minutes, jamais en heures ; plus le temps est court, plus les écarts peuvent avoir des conséquences.

Or, quels que soient les temps indiqués dans un livre ou dans un mode d'emploi, il faut savoir que ces temps ne peuvent être très précis.
En effet, il est toujours obligatoire d'adapter ces temps :
□ selon le *modèle* du four utilisé ;
□ selon le *volume* du produit (tranche ou pavé — part individuelle ou plat familial) ;
□ selon la *forme* de l'aliment (un gros poisson entier est plus épais du côté tête que du côté queue) ;
□ selon la *qualité* propre de l'aliment, c'est-à-dire son degré de maturité, de fraîcheur, etc. Ainsi, des aliments de même nature peuvent ne pas réagir de la même façon, tout simplement parce que leur teneur en molécules d'eau est différente :
　　— une tranche de bœuf (même morceau) peut être à texture plus ou moins dense en fonction de l'alimentation de l'animal, de son âge, de son degré de maturation, autrement dit du rassissement après l'abattage ;
　　— un abricot peut être plus mûr qu'un autre de la même variété, ou plus ou moins juteux selon les années et le temps qu'il a fait ;
　　— un même légume frais cueilli peut avoir 75 % d'humidité et ne plus en avoir que 50 % quelques jours après la cueillette ; le premier, en 30 secondes, sera porté à 80° ; le second en 30 secondes n'atteindra que 60°.

Mais les micro-ondes, elles, agissent toujours de la même façon, changeant 2 milliards 450 millions de fois par seconde l'orientation des molécules d'eau des aliments qui leur sont soumis, et plus il y a de molécules, plus il y a d'échauffement.

EN CONSEQUENCE

Les temps donnés dans cet ouvrage doivent être considérés comme des indications aussi proches que possible d'un temps moyen, pour un four ménager simple de 600-650 watts.
(Dans ce four, 17 cl d'eau dans un bol arrivent à ébullition en 2 mn à 2 mn 15 s).

Si votre four est moins puissant, augmentez très légèrement ces temps, s'il est plus puissant diminuez-les, en pensant toujours que les écarts, eux aussi, ne se comptent qu'en secondes.

Pensez également que :
■ le contenu de deux récipients mis en même temps sur la sole du four (côte à côte) se réchauffe ou cuit moins vite que le même contenu dans un seul récipient placé bien au centre de la sole;
■ chaque aliment réagissant différemment à l'action des micro-ondes, **il vaut mieux éviter**, dans toute la mesure du possible, **de mélanger des produits divers pour les cuire ensemble**; par exemple, pour préparer une jardinière de légumes, il est préférable de cuire séparément carottes, haricots verts, etc; et de les réunir après cuisson.

Pour une bonne initiation
Le plus simple est de définir soi-même, peu à peu, l'ajustement des temps :
□ tout d'abord en fonction du propre mode d'emploi fourni par le constructeur du four en même temps que son matériel ;
□ ensuite, en fonction de vos propres habitudes de marché (légumes du jardin ou légumes du marché — approvisionnement quotidien ou approvisionnement une fois par semaine) ou de vos goûts (légumes bien cuits ou légumes croquants, viande bleue ou saignante ou viande à point).

Les premières expériences doivent être tentées avec des temps légèrement plus courts que ceux indiqués (il est si facile de remettre les aliments dans le four sans aucun préjudice pour la saveur) ; les résultats doivent être notés. Très rapidement, vous saurez ainsi dans quelle proportion il faut jouer par exemple un quart du temps ou un tiers, en plus ou en moins.

Par ailleurs, il ne faut pas oublier que la cuisson se prolonge encore pendant un peu de temps après l'arrêt du four, par diffusion dans la masse. Cela est très important pour les denrées très fragiles, foie gras par exemple.

La décongélation

Les conseils donnés dans ce chapitre le sont pour des fours simples, sans bouton spécial commandant une puissance plus faible.

Pour les fours plus perfectionnés, les temps et façons de procéder doivent être interprétés en fonction des propres conseils du constructeur, mais les généralités d'emploi restent valables pour tous les matériels, quels qu'ils soient.

La décongélation est un des atouts majeurs du four à micro-ondes, le gain de temps sur la décongélation au réfrigérateur ou sur la décongélation à température ambiante étant fort appréciable. Il permet de faire face à des repas à l'improviste sans problème, le temps de prendre l'apéritif et de mettre le couvert.

Par ailleurs, **les micro-ondes donnent un produit décongelé meilleur car les jus ou le sang n'ont pas le temps de s'écouler autant que dans une décongélation lente.**

Mais, pour réussir à décongeler totalement un produit sans qu'il y ait de début de cuisson de certaines de ses parties, il est des impératifs à respecter :
■ la longueur de pénétration des micro-ondes étant d'autant plus limitée que le produit est plus compact, et c'est là le cas, **il est indispensable que l'aliment mis à décongeler ne soit pas trop épais** ; si l'opération doit être trop prolongée, cela amène une cuisson des zones décongelées les premières, alors que d'autres zones ne sont pas encore atteintes ;

■ on considère que les dimensions idéales sont 15 cm de long × 15 cm de large × 5 cm de hauteur. Si vous achetez des surgelés, pensez-y au moment du choix ; si vous congelez vous-même, prévoyez des portions en pavés plats bien réguliers ;

■ pour une bonne décongélation, **passez directement l'aliment du grand froid dans le four à micro-ondes ;** si vous procédiez autrement, les parties déjà semi-réchauffées d'un produit en cours de décongélation cuiraient avant que les autres ne commencent à décongeler ;

■ la décongélation, **dans un four sans réglage spécial «décongélation»**, ne peut être menée en une seule fois continue ; il est important d'introduire l'aliment pour un temps très court, puis d'arrêter pendant le même temps, ensuite de faire pivoter d'un demi-tour ou d'un quart de tour selon le cas, en assurant un nouveau temps court de décongélation suivi d'un même temps de repos ; parfois même, il faut renouveler encore l'opération ;

■ **si la pièce est relativement volumineuse**, il est bon, après le deuxième temps de repos, de la retourner, et de poursuivre les alternances four-repos, le dernier temps de repos devant être plus long (voir tableau des temps approximatifs) ;

■ l'introduction du produit dans le four doit se faire **dans son emballage**, sauf si celui-ci est métallique (barquette ou feuille aluminium) ; s'il s'agit d'un sac plastique fermé par un lien métallique, il suffit de retirer le lien ; s'il s'agit d'un plastique soudé, il faut percer celui-ci de quelques petits trous pour qu'il n'éclate pas sous le dégagement de vapeur intérieur ;

■ si votre denrée congelée a été entreposée dans un meuble de froid mal dégivré, prenez soin d'éliminer d'abord **le givre** à l'extérieur de l'emballage, avec une brosse ;

■ à mi-décongélation, il est possible de retirer l'emballage d'origine pour transférer le produit dans le récipient : cela n'est pas obligatoire s'il s'agit d'une seule pièce, cela doit être fait **s'il s'agit de petites pièces réunies dans un même emballage**, afin de pouvoir séparer celles-ci, de trier celles qui ont décongelé ;

■ l'alliance micro-ondes — temps de repos permet **une décongélation plus régulière**, le produit se réchauffant par diffusion interne de la chaleur pendant le temps de repos.

Rappelons que les fours peuvent fonctionner différemment selon leur modèle :
□ four simple : l'intermittence doit être assurée manuellement ;
□ four à basse puissance commandée par une position spéciale du bouton ou par un bouton à part : il faut faire pivoter le plat pendant l'opération si le four ne comporte pas de plateau tournant ;
□ la position spéciale peut déclencher :
— soit un cycle linéaire : alternance de temps d'action et de temps de repos de même durée, généralement toutes les 10 secondes ;
— soit un cycle séquentiel : alternance de temps d'action et de temps de repos d'une durée double, en principe 10 secondes de fonctionnement et 20 secondes de repos.

Précaution à prendre : en travail manuel surtout, après chaque temps de repos, videz l'eau rendue avant de remettre dans le four.

Quelques temps de base
pour la décongélation

Rappelons que les temps précis dépendent du modèle du four et de la qualité intrinsèque du produit mis en cause

Produits très faciles

petits pains enve-loppés	
1 seul	25 s + 25 s de repos
2	45 s + 50 s de repos
4	70 s + 1 mn 1/2 de repos
gros pain enve-loppé	2 mn + 2 mn de repos - 1/4 de tour + 1 mn + 1 mn de repos - 1/4 de tour + 30 s + 3 mn de repos - vérifier la décongélation, éventuellement renou-veler la dernière opération
légumes en pa-quets plats de 300 g	2 mn + 2 mn de repos - retirez l'emballage, étalez dans le récipient + 30 s + 3 mn de repos.

Produits plus délicats

crevettes paquets de 200 à 250 g	30 s + 30 s de repos - retirez l'embal-lage, étalez dans le récipient + 30 s + 30 s de repos - 1/4 de tour, étalez à nouveau + 30 s + 1 mn de repos
queue de langouste de 300 g	30 s + 30 s de repos - retirez l'embal-lage, posez dans le récipient - 30 s + 30 s de repos - 1/4 de tour + 30 s + 3 mn de repos
filets de poisson paquet de 500 g	80 s + 80 s de repos - retirez l'embal-lage, séparez les filets qui se détachent facilement, disposez dans le récipient + 30 s + 30 s de repos - retirez les filets décongelés + 30 s + 3 mn de repos

viande hachée en bloc de 500 g	2 mn + 2 mn de repos - retirez l'emballage, essayez de briser le bloc, retirez ce qui est déjà décongelé, mettez le reste dans le récipient + 30 s + 30 s de repos - détachez à nouveau les portions décongelées - pour le reste 30 s + 30 s de repos - même opération + 30 s + 3 mn de repos
petits steaks paquet de 500 g	2 mn + 2 mn de repos - retirez l'emballage, séparez les steaks qui se détachent facilement, disposez dans le récipient + 30 s + 30 s de repos - retirez les steaks décongelés éventuellement - retournez les autres - 1/4 de tour + 30 s + 3 mn de repos
entrecôtes paquet de 1 kg	2 mn + 2 mn de repos - retirez l'emballage en séparant les entrecôtes se détachant facilement, disposez dans le récipient + 1 mn + 1 mn de repos - retirez ce qui peut être décongelé, retournez le reste - 1/4 de tour + 30 s + 1 mn de repos - retirez les pièces décongelées - pour le reste 30 s + 3 mn de repos
côtelettes paquet de 1 kg	3 mn + 3 mn de repos - retirez l'emballage, séparez les côtelettes se détachant facilement - disposez dans le récipient, 1/4 de tour + 1 mn + 4 mn de repos - retirez les pièces décongelées - pour le reste, 30 s + 3 mn de repos

Note concernant les viandes congelées : de plus en plus, les pièces sont séparées dans les emballages (pas toujours); si c'est le cas, disposez les pièces au départ dans le récipient, mais respectez les temps, seules les phases finales n'étant pas toujours nécessaires, sauf le dernier temps de repos.

Produits moins faciles

rôtis de 1 kg (à choisir de préférence minces et longs plutôt que épais et courts)	3 mn + 3 mn de repos - enlevez l'emballage, posez dans le récipient + 2 mn + 2 mn de repos - retournez le rôti, 1/4 de tour + 2 mn + 7 mn de repos
rôtis de 1 kg 500	3 mn + 3 mn de repos - enlevez l'emballage, posez dans le récipient + 3 mn + 3 mn de repos - retournez le rôti, 1/4 de tour + 2 mn + 2 mn de repos, 1/4 de tour + 1 mn + 7 mn de repos - vérifiez la décongélation, au besoin encore 1 mn + 4 à 5 mn de repos
poulet en morceaux 500 g	2 mn + 2 mn de repos - retirez l'emballage, répartissez les morceaux dans le récipient + 1 mn + 1 mn de repos - retournez les morceaux, 1/4 de tour + 30 s + 3 mn de repos
poulet entier 1 kg 500	3 mn + 3 mn de repos - retirez l'emballage, posez dans le récipient + 2 mn + 2 mn de repos - retournez le poulet, 1/4 de tour + 2 mn + 5 mn de repos - vérifiez la décongélation - poursuivez éventuellement par périodes de 1 mn suivies de 5 mn de repos

Produits difficiles

oie 4 à 5 kg	10 mn + 10 mn de repos - retirez l'emballage, posez sur un plat, couvrez d'un film plastique percé de quelques petits trous + 5 mn + 5 mn de repos - retournez la volaille, 1/4 de tour + 2 mn + 2 mn de repos - 1/4 de tour + 1 mn + 1 mn de repos - 1/4 de tour + 1 mn + 10 mn de repos - vérifiez la décongélation ; s'il faut poursuivre, retournez une nouvelle fois la volaille, procédez par périodes de 1 mn avec 10 mn de repos, en faisant pivoter
dindonneau entier 5 à 6 kg	10 mn + 10 mn de repos - 1/4 de tour + 10 mn + 10 mn de repos - retirez l'emballage, posez dans le récipient, couvrez avec un film plastique percé de petits trous + 5 mn + 5 mn de repos - retournez la volaille + 5 mn + 5 mn de repos - 1/4 de tour + 3 mn + 3 mn de repos - 1/4 de tour + 2 mn + 10 mn de repos - vérifiez la décongélation - éventuellement poursuivez par périodes de 2 mn + 10 mn de repos en retournant une nouvelle fois la volaille

IMPORTANT

■ Certains modes d'emploi conseillent parfois, en cours de décongélation de grosses pièces, de couvrir les parties les plus minces d'un produit de forme irrégulière (ce qui est le cas des volailles) avec un morceau d'aluminium ménager, dans le but de faire obstacle à la pénétration des micro-ondes sur cette partie; c'est là un palliatif efficace, toutefois à utiliser avec précaution, l'aluminium ménager n'étant pas du papier comme on a coutume de le dire par erreur, mais du métal. Cela ne peut se faire que pour une petite surface et pour un temps très court afin de ne pas endommager le magnétron.

■ La décongélation de très grosses pièces est une opération fort délicate; aussi bien menée soit-elle, il y aura toujours quelques parties ayant subi un début de cuisson. Il faudra en tenir compte dans la recette qui sera ensuite appliquée au produit.

La décongélation
avec cuisson

■ Cette utilisation du four ne peut être prévue que dans un seul cas : lorsque le produit surgelé ou congelé est destiné à être consommé tel qu'il se présente passant simplement de l'état cru à l'état cuit (crevettes — filets de poisson — côtelettes — etc.), la «recette» consistant simplement à l'assaisonner en cours d'opération et à servir avec un accompagnement, sauce ou garniture.

■ Si la décongélation a été bien menée, le produit est alors à considérer comme un produit frais cru et la cuisson reste à réaliser comme une cuisson normale de ce produit.

■ Toutefois, il est prudent de vérifier cette cuisson à la moitié du temps prévu car il se peut que la décongélation ait déjà amené un début de cuisson.

■ En fait, si tout est parfait, il s'agit d'une préparation en deux opérations successives :

décongélation + cuisson

Le réchauffage des plats
ce que les professionnels appellent la
« régénération »

■ Là se situe encore un extraordinaire atout du four à micro-ondes : le réchauffage d'un plat, même difficile comme par exemple la purée de pommes de terre, ne dénature ni l'odeur ni le goût : le plat se retrouve comme lorsqu'il vient d'être exécuté.

■ Une portion préparée à l'avance, un reste, peuvent être servis chauds en un tour de main ; il ne faut pas plus de 1 à 2 mn de passage au four à micro-ondes, à leur sortie du réfrigérateur, pour qu'ils retrouvent consistance et saveur.

■ Cette «commodité» peut devenir un avantage qu'aucun autre mode de cuisson ne peut apporter : le service à l'assiette pour les repas pris en coup de vent, pour vous-même un jour de tâches ménagères ou un jour de courses, pour votre mari entre deux rendez-vous, pour vos enfants rentrant de l'école.

■ S'il s'agit d'un plat cuisiné en sauce, le réchauffage se fera encore plus rapidement, surtout si la sauce est à base de matière grasse, à condition qu'il n'y ait pas plus de 25 cl de liquide ; s'il y en a plus, il faudra prolonger de quelques secondes à quelques minutes le passage au four.

■ S'il s'agit d'un produit «sec» comme des pâtes ou du riz déjà cuits, pour faciliter le réchauffage, mêlez quelques noisettes de beurre frais.

■ Aucun conseil particulier n'est à donner, si ce n'est de prendre la précaution de couvrir :

— avec une cloche en verre ou en plastique, une assiette calotte ou une assiette creuse renversée ;
— avec un morceau de papier sulfurisé (il faut rappeler que le papier paraffiné ne convient pas si la température désirée atteint 50°).

■ **Attention** : le four à micro-ondes est également parfait pour «rafraîchir» le pain rassis, mais il ne faut procéder que par petites portions à la fois à consommer immédiatement ; en effet, à sa sortie du four le pain est redevenu moelleux, mais dès qu'il refroidit il est à nouveau dur.

Les recettes

Pour une meilleure réussite

■ Toutes les recettes sont prévues pour **4 personnes** sauf indication contraire.

■ Le terme «récipient» doit toujours être compris comme «plat en matériau convenant aux micro-ondes pouvant être couvert». Lorsqu'aucune précision n'est donnée, **il faut couvrir.** Dans le cas contraire, cela est précisé.

RAPPEL IMPORTANT

Les recettes ont été testées dans un four 600 watts — puissance utile — sans perfectionnement. Si votre four est d'une autre puissance, ou s'il est muni de perfectionnements ou d'accessoires, les recettes restent valables, mais les temps doivent être adaptés selon les indications du constructeur, ou selon vos propres expériences.

Si — notamment — votre four est équipé d'un plateau tournant, ne tenez pas compte des mentions «faites pivoter», toutefois remuez ou retournez lorsque cela est conseillé.

Les sauces
et fonds de cuisson

La cuisson au four à micro-ondes n'étant pas calorifique et s'effectuant dans un temps relativement très court, il faut savoir que les réductions, avec modification de la saveur, comme les sauces au vin, ne sont possibles que si le vin ajouté à la préparation a d'abord été soumis à ébullition pendant quelques minutes, à part (ce qui peut se faire dans le four à micro-ondes), dans le but d'éliminer les goûts trop acides ou trop taniques.

Certains fonds peuvent être confectionnés à l'avance, en plus grande quantité, en ne dépassant toutefois pas 500 g à la fois pour une meilleure réussite ; refroidis, ils peuvent être congelés par portions utiles. Ils seront ainsi à disposition au moment voulu, juste le temps de les passer quelques courts instants au four à micro-ondes pour les réchauffer.

Mirepoix

Formule classique

125 g de carottes
125 g d'oignons
125 g de maigre de jambon
  de pays
50 g de beurre

— Epluchez, lavez les carottes, pelez les oignons. Hachez séparément, carottes, oignons et jambon, ou coupez en très petits dés de 2 à 3 mm au plus.
— Dans le récipient, mettez le beurre, les carottes et 2 cuillerées à soupe d'eau, couvrez, programmez 5 mn.
— Faites pivoter le récipient d'un quart de tour, introduisez le jambon et les oignons ; si plus de la moitié de l'eau s'est évaporée, remettez 1 cuillerée d'eau ; programmez 2 mn.
— Aucun assaisonnement.
— Peut se congeler.

Ce fond de cuisson sera utilisé dans diverses recettes de viandes ou de légumes ; l'eau peut éventuellement être remplacée par du vin blanc ou du vin rouge, selon la destination de la mirepoix.

Formule bordelaise

125 g de carottes
125 g d'échalotes
30 g de queues de persil
50 g de beurre

— Epluchez, lavez les carottes ; pelez les oignons ; lavez les queues de persil ; hachez séparément le tout.
— Dans le récipient, mettez le beurre, les carottes et 2 cuillerées à soupe d'eau, couvrez ; programmez 5 mn.
— Faites pivoter le récipient d'un quart de tour, introduisez les échalotes et les queues de persil ; si plus de la moitié de l'eau s'est évaporée, remettez 1 cuillerée d'eau ; programmez 2 mn.
— Aucun assaisonnement.
— Peut se congeler.

Ce fond est plus spécialement utilisé pour les préparations de fruits de mer ou poisson, l'eau pouvant être éventuellement remplacée par un peu de vin blanc ou de vin rouge, ou un peu de fumet de poisson, selon la recette à laquelle il est destiné.

Fond de cuisson aux champignons

**100 g de lard de poitrine
maigre demi-sel blanchi**
**200 g de champignons de
couche**
1 citron
50 g d'échalotes
50 g de beurre

— Coupez le lard en petits dés de 2 mm.

— Nettoyez les champignons, émincez-les, arrosez-les avec le jus du citron.

— Pelez et hachez les échalotes, mettez-les dans le récipient avec le lard, le beurre et 2 cuillerées à soupe d'eau; couvrez, programmez 2 mn.

— Faites pivoter le récipient d'un quart de tour, introduisez les champignons; programmez 1 mn si vous désirez les champignons encore légèrement «croquants», 2 mn si vous les voulez plus «fondus».

— Aucun assaisonnement.

— Peut se congeler.

Ce fond peut être employé dans de nombreuses recettes de viandes blanches ou de volailles.

Fond de crustacés

1 kg d'étrilles
50 g d'oignons
25 g d'échalotes
50 g de beurre
1 cuil. à soupe de cognac
1 petit bouquet garni
  (1 branche de thym,
   1 petite branche de céleri,
   2 branches de persil plat)
250 g de tomates fermes

— Lavez les étrilles; pelez et hachez grossièrement les oignons et les échalotes.

— Mettez le quart des étrilles et le quart des aromates dans le récipient, avec le quart du beurre et 2 cuillerées à soupe d'eau; couvrez, programmez 2 mn; faites pivoter d'un quart de tour; programmez 30 s; passez au mixeur.

— Recommancez trois fois cette opération avec le reste des mêmes ingrédients.

— Passez au chinois tout ce qui a été mixé, en foulant au pilon, dans le récipient nettoyé; ajoutez le cognac et le bouquet; couvrez, programmez 30 s.

— Ajoutez les tomates pelées, égrenées et coupées en petits morceaux, couvrez, programmez 2 mn; faites pivoter d'un quart de tour, retirez le bouquet, programmez 2 mn sans remettre le couvercle.

— Aucun assaisonnement.

— Peut se congeler.

Ce fond est destiné à la cuisson de crustacés de toutes espèces ou de poissons, préparés braisés. Intéressant à préparer à la saison où les étrilles sont sur le marché (vers juin) ou en vacances au bord de mer, en Bretagne, là où elles sont abondantes.

Fondue de tomate

500 g de tomates très fermes,
genre olivettes
100 g d'oignons
3 cuil. à soupe d'huile d'olive
2 gousses d'ail
1 bouquet garni (1 branche de
thym, 1 petite branche de
céleri, 3 branches de persil)
8 à 10 feuilles de basilic.

— Pelez, égrenez les tomates, coupez-les en dés de 1 cm ; pelez et hachez les oignons ; pelez l'ail, laissez les gousses entières.

— Dans le récipient, mettez les oignons et l'huile, couvrez ; programmez 3 mn.

— Faites pivoter le récipient d'un quart de tour, introduisez le bouquet, les gousses d'ail et la tomate ; programmez 5 mn.

— Hors du four, retirez l'ail et le bouquet, mêlez le basilic finement ciselé.

— Aucun assaisonnement.

— Peut se congeler.

Ce fond est à multiples utilisations : avec des poissons, des œufs, des légumes, des viandes, etc.

Variante : pour un usage en coulis

Après avoir retiré le bouquet, en laissant l'ail, salez et poivrez ; passez au mixeur après avoir mis le basilic ou avant, selon que vous désirez la présence de cette herbe aromatique ou seulement son parfum. Ce coulis peut se servir chaud, ou glacé, mis au réfrigérateur après refroidissement.

Bolognaise rapide

100 g de carottes
1 petite branche de céleri
50 g d'oignons
250 g de jambon de pays,
    maigre seulement
20 g de beurre
200 g de steak haché
200 g d'échine de porc
10 cl de vin blanc
10 cl de fondue de tomate
    (voir recette précédente)
200 g de foies de volailles

— Epluchez, lavez les carottes et le céleri. Pelez les oignons, hachez le tout avec le jambon. Mettez le hachis dans le récipient avec le beurre et 3 cuillerées à soupe d'eau, couvrez ; programmez 5 mn.

— Hachez le porc, mélangez au bœuf.

— Faites pivoter le récipient d'un demi-tour, introduisez les viandes hachées, le vin et la fondue de tomate ; programmez 3 mn.

— Faites à nouveau pivoter d'un quart de tour, programmez 3 mn.

— Coupez les foies de volaille débarrassés de leur peau, en dés de quelques millimètres ; joignez-les au contenu du récipient ; programmez 2 mn.

— Aucun assaisonnement.

— Peut se congeler.

Ce fond est particulièrement conçu pour les pâtes à l'italienne. Au moment de l'utilisation, salez et poivrez et mêlez, pour cette quantité, 15 cl de crème fraîche.

Sauce à la crème

50 g d'échalotes
10 cl de vin blanc
6 feuilles d'estragon
20 cl de crème fraîche
125 g de beurre
sel - poivre

— Pelez et hachez les échalotes ; ciselez finement l'estragon.
— Dans le récipient, mettez les échalotes, le vin et les deux tiers de l'estragon, couvrez ; programmez 3 mn.
— Faites pivoter le récipient d'un quart de tour, ajoutez la crème, mélangez bien ; programmez 2 mn.
— Sortez le récipient du four, fouettez son contenu en incorporant peu à peu les deux tiers du beurre bien froid, coupé en petits morceaux.
— Lorsque la sauce devient onctueuse, salez et poivrez, remettez au four en couvrant, programmez 20 s.
— Hors du four, fouettez à nouveau, vigoureusement en incorporant le reste de beurre et le reste d'estragon.
— A utiliser de suite.

Cette sauce est particulièrement destinée aux poissons pochés ou aux pommes de terre à l'anglaise ou à la vapeur.

Sauce au vin

50 cl de vin rouge corsé
2 bouquets garnis (1 branche
   de thym, 1/2 branche de
   céleri, 1/4 de feuille de
   laurier, 1 à 2 branches de
   persil pour chacun)
150 g de lard de poitrine
   maigre demi-sel blanchi
200 g d'oignons
20 g de beurre

— Versez le vin dans deux bols, ajoutez un bouquet dans chacun d'eux; mettez les deux bols ensemble dans le four, sans couvrir; programmez 5 mn.

— Coupez le lard en petits dés; pelez et hachez les oignons.

— Dans le récipient, mettez les oignons hachés, le beurre et les dés de lard, couvrez; programmez 1 mn. Faites pivoter d'un quart de tour, programmez 1 mn.

— Ajoutez les deux bols de vin et les deux bouquets, remuez; programmez 2 mn.

— Aucun assaisonnement.

— Peut se congeler.

Cette sauce sera utilisée pour les matelotes de poisson, les bourguignons ou les daubes.

Sauce à la moutarde

50 g d'échalotes
2 cuil. à soupe d'huile
1 cuil. à soupe de farine
selon l'utilisation :
30 cl de court-bouillon
   de poisson
   ou de bouillon de bœuf
   ou de bouillon de volaille
1 cuil. de moutarde
   blanche forte
sel
poivre

— Pelez et hachez les échalotes, mettez-les dans le récipient avec l'huile, couvrez ; programmez 2 mn.

— Fouettez le contenu du récipient en incorporant la farine, en veillant à ne pas former de grumeaux ; mouillez avec 3 cuillerées à soupe du bouillon choisi en mélangeant bien, couvrez ; programmez 2 mn.

— Incorporez le reste de bouillon, programmez 1 mn ; faites pivoter d'un quart de tour, remuez ; programmez 1 mn à 1 mn et demie selon la consistance de la sauce.

— Hors du four, laissez reposer 2 mn, puis incorporez la moutarde ; salez en fonction de cette dernière et poivrez.

— A utiliser de suite.

Les potages
et les soupes

Pour une meilleure réussite

■ Ne mettez pas, au départ, les ingrédients et toute la quantité d'eau nécessaire (1 litre pour 4 personnes), mais les ingrédients et seulement le quart environ du liquide. Par ailleurs, le reste de l'eau sera ajouté bouillant, ce qui fera gagner du temps.

■ Pendant la cuisson d'un plat liquide — cas du potage — il faut toujours remuer la préparation au moins une ou deux fois.

■ Si vous prévoyez des pâtes à potage, faites-les cuire d'abord, à part, et ajoutez-les en même temps que le reste d'eau.

■ Ici, contrairement à la loi générale de la préparation au micro-ondes, des ingrédients de nature fort diverses peuvent être associés car, chacun d'eux devant être bien cuit, pratiquement délité, la sur-cuisson de l'un ou de l'autre est sans importance.

Bouillons de base

Bouillon de légumes

200 g de carottes
250 g de poireaux
200 g de céleri-rave
125 g de navets
1 oignon
1 bouquet garni (1 branche de
    thym, 1/4 de feuille de
    laurier, 1 clou de girofle
    enfermé dans 2 branches de
    persil)
sel
poivre

— Epluchez, lavez les carottes, les poireaux, le céleri-rave, les navets. Pelez l'oignon. Hachez grossièrement le tout. Mettez les légumes dans le récipient avec le bouquet et 25 cl d'eau, couvrez; programmez 2 mn. Faites pivoter d'un quart de tour, remuez; programmez 2 mn.
— Ajoutez 75 cl d'eau à ébullition, salez et poivrez, remuez; programmez 2 mn. Faites pivoter d'un quart de tour, remuez; programmez 5 mn.

Utilisations diverses

— Passez la préparation pour l'utiliser en bouillon de légumes.
— Retirez le bouquet, ajoutez 50 g de beurre pour le servir en soupe avec les légumes.
— Retirez le bouquet, passez au moulin-légumes, ajoutez 50 g de beurre si vous préférez la soupe passée.

— Retirez le bouquet, laissez les légumes tel quel, ajoutez une bonne quantité d'herbes fraîches aromatiques au choix, finement ciselées ou hachées, pour avoir une soupe aux herbes.

— **L'été,** changez l'éventail des légumes : carottes, navets, haricots verts, petits pois, etc. ; si les légumes sont nouveaux, cuisez 2 mn en moins.

Bouillon de bœuf rapide

250 g de steak haché
150 g de poireaux
100 g de carottes
50 g de navets
50 g d'oignons
1 bouquet garni (1 branche de
   thym, 1/4 de feuille de
   laurier, 1 petite branche de
   céleri, 1 clou de girofle
   enfermé dans 2 branches de
   persil)

— Epluchez, lavez les poireaux, carottes, navets ; pelez les oignons ; hachez grossièrement le tout.

— Mettez les légumes dans le récipient avec le bouquet et 25 cl d'eau, couvrez ; programmez 2 mn. Faites pivoter d'un quart de tour, remuez ; programmez 2 mn.

— Ajoutez le steak haché, remuez ; programmez 2 mn.

— Faites pivoter le récipient d'un quart de tour, ajoutez encore 75 cl d'eau à ébullition, remuez ; programmez 2 mn. Faites pivoter d'un quart de tour, remuez ; programmez 5 mn.

Pour utiliser ce bouillon, passez-le et assaisonnez ou non, selon la préparation.

Bouillon de volaille

Se prépare exactement comme le bouillon de bœuf, en remplaçant le steak haché par 250 g de blanc de volaille cru, haché (avec la peau).

Fumet de poisson

1 grosse tête de poisson maigre
    non gélatineux (merlu,
    congre, cabillaud, etc.)
300 g de moules
50 g de carotte
50 g d'oignons
1 bouquet garni (1 branche de
    thym, 1/4 de feuille de
    laurier, 1 petite branche de
    céleri, 1 clou de girofle
    enfermé dans 2 branches de
    persil)
10 cl de vin blanc

— Lavez la tête de poisson, coupez-la en quatre ou en huit selon sa grosseur; lavez les moules à grande eau; épluchez et lavez la carotte; pelez les oignons; hachez ces deux légumes.
— Dans le récipient, mettez le poisson, les moules, le bouquet et le vin, couvrez; programmez 2 mn.
— Retirez les coquilles des moules ouvertes, ajoutez 15 cl d'eau chaude et les légumes; programmez 2 mn. Faites pivoter d'un quart de tour, retirez le reste des coquilles de moules s'il y en a encore.
— Ajoutez 75 cl d'eau à ébullition, remuez; programmez 2 mn. Faites pivoter d'un quart de tour, remuez; programmez 5 mn.

Pour utiliser ce fumet, passez-le, assaisonnez ou non, selon la préparation.

Soupe de pêcheurs

800 g de poissons maigres :
    tranche de congre, tranche
    de cabillaud, 1 grondin
    rouge, etc.
500 g de moules
25 g d'oignons
1 gousse d'ail
2 cuil. à soupe d'huile d'olive

bouquet garni (1 branche de
    thym, 2 branches de persil)
1 petit poireau blanc
10 cl de vin blanc
1 à 2 doses de safran
sel
poivre

— Veillez à ce que la peau des tranches de poisson soit écaillée, essuyez-la. Ecaillez, étêtez, videz, lavez les petits poissons entiers si vous en avez. Coupez chaque tranche de poisson en quatre en retirant l'arête centrale ; tronçonnez chaque poisson entier en morceaux de 3 cm. Lavez les moules à grande eau.

— Pelez les oignons et l'ail, hachez-les ensemble. Epluchez, lavez le poireau, émincez-le. Mettez les aromates, dont le bouquet et le poireau, dans une soupière avec l'huile, couvrez ; programmez 2 mn.

— Ajoutez le vin, remuez, faites pivoter d'un quart de tour ; programmez 2 mn.

— Introduisez tous les poissons sauf les moules, couvrez d'eau chaude à hauteur, programmez 2 mn.

— Salez et poivrez, mettez le safran, les moules et de l'eau à ébullition (1 l au total) ; programmez 3 mn.

— Faites pivoter d'un quart de tour, retirez les coquilles des moules ouvertes, sauf quelques-unes pour le décor ; remuez, programmez 2 mn.

Vous pouvez prévoir des petits croûtons, un aïoli ou une rouille.

Pot-au-feu de lapin

100 g de lard de poitrine
  maigre demi-sel blanchi
1 avant de lapin (dont l'arrière
  a été préparé avec une autre
  recette)
1 oignon moyen
1 bouquet garni (1 branche de
  thym, 1/2 feuille de laurier,
  2 branches de persil
  enfermant 2 clous de girofle)
200 g de poireaux
200 g de carottes
100 g de navets
sel
poivre

— Dans une soupière, mettez l'avant du lapin, le bouquet et 25 cl d'eau, couvrez; programmez 3 mn. Faites pivoter d'un quart de tour, retournez le lapin, programmez 2 mn.

— Sortez le lapin, mettez à sa place tous les légumes épluchés et coupés en dés de 1 cm ou en rondelles; programmez 2 mn. Faites pivoter d'un quart de tour, remuez, programmez 2 mn.

— Pendant ce temps, prélevez toute la chair du lapin, coupez-la en petits morceaux.

— Enlevez le bouquet de la soupière, ajoutez le lapin et 75 cl d'eau à ébullition, salez et poivrez; programmez 2 mn. Faites pivoter d'un quart de tour, remuez; programmez 5 mn.

Soupe à l'oseille

200 g d'oseille
20 g de beurre
sel
poivre
2 œufs
20 cl de crème fraîche

— Triez l'oseille en retirant les queues, ou en n'en laissant que 2 à 3 cm si elles sont tendres, lavez à grande eau, ciselez dans la soupière.
— Ajoutez le beurre, couvrez ; programmez 2 mn.
— Mouillez à hauteur d'eau chaude ; programmez 2 mn.
— Ajoutez de l'eau à ébullition (75 cl d'eau environ au total), remuez, salez et poivrez ; faites pivoter d'un quart de tour, programmez 2 mn.
— Faites pivoter d'un quart de tour, remuez ; programmez 3 mn.
— Dans un bol, battez les jaunes des œufs avec la crème, mêlez au contenu de la soupière sortie du four, en battant au fouet et en versant en très mince filet pour ne pas cuire les jaunes d'œufs en formant des grumeaux.
— Remettez dans le four, récipient fermé ; programmez 2 mn.

Velouté d'asperges

---

500 g d'asperges déjà cuites
   (restes)
20 g de beurre
une petite pincée de sucre
   semoule
sel, poivre
2 œufs
20 cl de crème fraîche

— Séparez les pointes des turions d'asperges ; passez ces derniers au moulin-légumes.

— Mettez la purée obtenue dans une soupière avec le beurre et le sucre, couvrez ; programmez 30 s. Faites pivoter d'un quart de tour, ajoutez 50 cl d'eau à ébullition, salez et poivrez, remuez ; programmez 3 mn.

— Dans un bol, battez les jaunes des œufs avec la crème, mêlez-les au contenu de la soupière sortie du four, en battant au fouet et en versant en très mince filet pour ne pas cuire les jaunes d'œufs en formant des grumeaux.

— Ajoutez les pointes d'asperges, couvrez, remettez dans le four ; programmez 2 mn.

Soupe au potiron

Un morceau de potiron
   de 500 g environ
2 œufs
10 cl de crème fraîche
sel
poivre

— Enlevez les graines du potiron et les fibres qui les retiennent, coupez-le en cubes de 5 cm environ; sur chacun, retirez l'écorce (cela est beaucoup plus facile sur des petits morceaux que sur un gros); recoupez chaque cube en quatre.

— Mettez-les dans une soupière, couvrez d'eau chaude à hauteur, couvrez; programmez 2 mn. Faites pivoter d'un quart de tour, remuez; programmez 2 mn. Vérifier la cuisson en piquant un morceau de potiron avec les dents d'une fourchette; s'il n'est pas tendre, reprogrammez 2 à 3 mn.

— Passez le contenu de la soupière au mixeur avec les jaunes des œufs et la crème; reversez dans le récipient, salez et poivrez; si la préparation vous semble trop épaisse, ajoutez un peu d'eau bouillante, mais pensez que la soupe de potiron ne doit pas être claire.

— Couvrez et programmez 2 mn.

— Laissez reposer 3 à 4 mn et remuez avant de servir.

Caldo verde
Soupe portugaise

**1 quartier de petit chou vert
pommé (± 500 g pesé sans
trognon)**
vinaigre
500 g de pommes de terre
2 cuil. à soupe d'huile d'olive
sel
poivre

— Retirez les feuilles extérieures du chou, enlevez la
partie blanche centrale correspondant au prolongement
du trognon, c'est-à-dire la grosse côte des feuilles; lavez
à l'eau vinaigrée pour faire sortir les insectes pouvant se
loger entre les feuilles; coupez le chou en fines lanières.
— Mettez ces lanières dans une soupière, couvrez d'eau
chaude à hauteur; programmez 2 mn.
— Epluchez, lavez les pommes de terre, coupez-les en
dés de 1 cm.
— Ajoutez les pommes de terre au chou, et de l'eau à
ébullition (1 l au total); remuez; programmez 2 mn.
Faites pivoter d'un quart de tour, remuez, programmez
2 mn; recommencez une nouvelle fois.
— Ajoutez l'huile, sel et poivre; remuez; programmez
2 mn.
— Laissez reposer 3 à 4 mn et remuez avant de servir.

Soupe d'automne aux légumes

500 g de haricots à écosser
1 oignon moyen
1 clou de girofle
1 bouquet garni (1 branche de
    thym, 1 petite branche de
    céleri, 1/4 de feuille de
    laurier, 2 branches de persil)

1 gros poireau
100 g de carottes
50 g de navets
250 g de pommes de terre
250 g de haricots verts
500 g de courgettes
250 g de tomates fermes
sel, poivre

— Ecossez les haricots, mettez-les dans une grande soupière avec l'oignon pelé laissé entier et piqué du clou de girofle, le bouquet et de l'eau chaude à hauteur, couvrez ; programmez 3 mn. Faites pivoter d'un quart de tour, remuez, remettez éventuellement un peu d'eau chaude si les haricots ne trempent plus, programmez 3 mn.

— Ajoutez le poireau, les carottes et les navets, le tout épluché et coupé en rondelles ou en dés ; remettez un peu d'eau chaude à hauteur, remuez ; programmez 3 mn. Faites pivoter d'un quart de tour, programmez 3 mn.

— Videz le contenu de la soupière dans un autre récipient, en attente.

— Dans la soupière, mettez les pommes de terre épluchées et en dés, les haricots verts épointés, effilés et cassés en morceaux, et de l'eau chaude à hauteur ; programmez 3 mn.

— Ajoutez les courgettes non pelées, simplement essuyées et extrémités retirées, en les coupant en rondelles ; remettez de l'eau à hauteur ; programmez 3 mn. Faites pivoter d'un quart de tour, ajoutez les tomates pelées, égrenées, coupées en dés ; programmez 3 mn.

— Remettez dans la soupière le premier contenu et ajoutez suffisamment d'eau à ébullition pour que tous les légumes soient recouverts ; salez et poivrez ; remuez ; programmez 5 mn.

Variante : soupe au pistou

☐ Préparez la soupe comme la précédente.

— Passez au mixeur 5 gousses d'ail pelées avec 10 cl d'huile d'olive, 15 feuilles de basilic.

— Lorsque l'ail est réduit en pommade, continuez à mixer en incorporant encore 100 g de parmesan râpé.

— Présentez cette sauce à part, chacun mêlant ce pistou à volonté au contenu de son assiette.

Soupe à l'oignon

400 g d'oignons
50 g de beurre
sel
poivre
4 petites et fines tartines de
pain de campagne
légèrement rassis
125 g de gruyère râpé

— Pelez et hachez les oignons, mettez-les dans la soupière avec le beurre, couvrez ; programmez 2 mn.

— Ajoutez 1 l d'eau à ébullition, salez et poivrez, couvrez ; programmez 2 mn. Faites pivoter d'un quart de tour, remuez ; programmez 2 mn. Faites pivoter d'un quart de tour, remuez ; programmez 2 mn.

— Pendant ce temps, faites blondir légèrement au gril les tartines de pain, posez-les sur une assiette, parsemez de fromage.

— Sortez la soupière du four, remplacez-la par l'assiette, sans couvrir, programmez 1 mn. Faites pivoter d'un quart de tour, programmez 1 mn.

— Repassez la soupière 1 mn au micro-ondes, répartissez son contenu dans des bols, posez dans chacun, sur la soupe, 1 tartine.

Variante : la gratinée

Passez les bols, avec les tartines, 2 mn à la voûte allumée du four traditionnel.

Vichyssoise
Soupe glacée

---

2 gros poireaux très blancs
4 branches de cœur tendre de
    céleri
400 g de pommes de terre
20 cl de crème fraîche
sel
poivre
6 tiges de ciboulette

— Epluchez, lavez, émincez les poireaux et le céleri, mettez-les dans la soupière, avec de l'eau chaude à hauteur, couvrez programmez 2 mn. Faites pivoter d'un quart de tour.

— Ajoutez les pommes de terre épluchées, lavées, coupées en dés, remettez de l'eau chaude à hauteur, programmez 2 mn. Faites pivoter d'un quart de tour, remuez, programmez 2 mn.

— Passez le contenu de la soupière au mixeur avec la crème ; reversez dans la soupière, ajoutez 25 cl d'eau à ébullition, salez et poivrez ; remettez dans le four à micro-ondes, programmez 2 mn.

— Laissez refroidir, répartissez en bols à potage, parsemez de ciboulette finement ciselée ; couvrez d'un film étirable, mettez au réfrigérateur.

— Servez glacé.

Amuse-gueule
hors-d'œuvre
et petites entrées

(Voir également les chapitres : potages et soupes — œufs — fruits de mer et poissons — viandes et volailles — légumes)

Les recettes de ce chapitre sont fort différentes, il n'est donc pas de généralités convenant à leur préparation. Pour chacune, les tours de main éventuels sont donnés dans le texte de la recette.

Petites saucisses cocktail

Pour une meilleure réussite : pas plus de 12 saucisses à la fois, en prévoyant autant de «fournées» que nécessaire.

— Piquez chaque petite saucisse avec une aiguille à brider ou avec la pointe d'un petit couteau d'office, en deux endroits à chacune de ses extrémités.
— Disposez les 12 saucisses sur une assiette, sans qu'elles se touchent, et sans couvrir; programmez 3 mn.
— Faites pivoter d'un quart de tour, programmez 2 mn.

Hot-dogs au fromage

8 à 12 hot-dogs   100 g d'emmental
moutarde blanche forte
    à volonté

— Fendez chaque hot-dog dans sa longueur en pénétrant environ aux deux-tiers de l'épaisseur.
— Dans chaque fente, étalez un peu de moutarde, selon le goût.
— Coupez l'emmental en très fines lamelles; introduisez celles-ci tout le long des fentes (elles peuvent légèrement dépasser).
— Posez sur une assiette, sans que les hot-dogs se touchent, et sans couvrir; programmez 2 mn.
— Faites pivoter d'un quart de tour, programmez 2 mn. Selon l'aspect, le fromage devant être fondu, programmez éventuellement encore 1 mn après avoir fait pivoter à nouveau d'un quart de tour.
— Servez très chaud.

Croque-Monsieur

8 tranches de pain de mie ou de
   pain à toast
beurre
4 tranches fines d'emmental ou
   de gruyère
4 tranches de jambon cuit sans
   couenne et sans gras coupées
   à la taille des tranches de
   pain

— Faites blondir très légèrement au gril les tranches de
pain.

— Sur une assiette, posez 4 tranches sans qu'elles se
touchent, beurrez-les ; posez sur chacune une tranche de
fromage.

— Sans couvrir, mettez l'assiette dans le four à micro-
ondes ; programmez 1 mn.

— Sur le fromage, ajoutez 1 tranche de jambon et posez
une autre tranche de pain beurré, côté beurré contre le
jambon ; faites pivoter l'assiette d'un quart de tour et
programmez 2 mn.

— Consommez *impérativement* à la sortie du four sinon
le pain durcit.

Note : s'il arrivait que ces croque-monsieur refroidissent
et ne soient pas assez moelleux, repassez-les tout simplement dans le four en programmant 30 à 45 s.

Welsh rarebit

Pour une meilleure réussite : passez au four en deux «fournées»

**4 grandes tartines de pain de
    campagne légèrement rassis
    pas trop épaisses, mais
    larges
2 œufs
10 cl de bière
125 g de chester
une pointe de cayenne**

— Posez 2 tartines dans un plat creux sans qu'elles se touchent.

— Battez les jaunes des œufs avec la bière, arrosez les deux tartines avec la moitié de la préparation, en essayant de ne pas en répandre dans le plat ; mettez dans le four sans couvrir, programmez 1 mn.

— Emincez très finement le chester ; couvrez les tartines avec la moitié des lamelles de fromage, poudrez avec un peu de cayenne (un soupçon).

— Faites pivoter le plat d'un quart de tour, programmez 30 secondes ; renouvelez deux fois l'opération.

— Préparez les deux autres tartines de la même façon, avec le reste des ingrédients.

Petits pains fourrés

4 petits pains ronds
2 cuil. à soupe d'huile d'olive
une pincée de gros sel
1 gousse d'ail
1 oignon moyen
2 tomates fermes

1 boîte de filets d'anchois
   allongés, à l'huile
80 g d'emmental râpé gros
poivre
une bonne pincée d'origan en
   flocons

— Coupez une petite calotte sur les petits pains, qui
formera couvercle ; creusez l'intérieur en retirant un peu
de mie pour laissez la place aux différents ingrédients
(1) ; dans chaque petit pain, mettez le quart de l'huile et
le quart du gros sel.

— Pelez et hachez l'ail et l'oignon ensemble, assez finement ; pelez, égrenez, concassez les tomates (coupez la
chair en petits dés) ; égouttez à fond les anchois,
coupez-les en dés ; mélangez le tout, répartissez à l'intérieur des petits pains.

— Posez ceux-ci sur un plat, sans qu'ils se touchent ;
programmez 2 mn sans couvrir.

— Faites pivoter d'un quart de tour, ajoutez le fromage,
poivrez, parsemez l'origan ; posez le couvercle de pain ;
programmez 1 mn.

— Faites pivoter d'un quart de tour, programmez à
nouveau 1 mn.

— Servez à la sortie du four ; si les petits pains sont
refroidis, remettez pour 30 à 45 s dans le four avant de
consommer.

(1) Ne jetez pas la mie retirée, étalez-la sur une assiette, introduisez-la
dans le four, programmez 1 mn sans couvrir ; émiettez, programmez à
nouveau 30 s ; émiettez encore ; ainsi jusqu'à ce que vous ayez obtenu
une sorte de chapelure de pain que vous entreposerez en boîte fermée,
au sec.

Tartelettes aux poireaux

4 croûtes de tartelettes assez
   profondes et assez larges
2 gros poireaux bien blancs
20 g de beurre
25 cl de lait
20 g de farine
sel
poivre
noix de muscade
80 g d'emmental ou de gruyère
   râpé
2 cuil. à soupe de crème fraîche

— Epluchez les poireaux en ne gardant que 2 cm de
vert, lavez, coupez en fines rondelles que vous mettez
dans le récipient avec le beurre et 2 cuillerées à soupe de
lait ; programmez 2 mn.

— Délayez la farine avec le reste de lait, en veillant à ne
pas faire de grumeaux, incorporez aux poireaux en remuant, salez, poivrez, râpez un peu de noix de muscade,
mélangez bien ; programmez 1 mn. Faites pivoter d'un
quart de tour, remuez, programmez 1 mn.

— Répartissez la préparation dans les croûtes, parsemez le fromage, nappez avec la crème. Posez 2 tartelettes sur une assiette sans qu'elles se touchent et sans
couvrir, programmez 2 mn.

— Renouvelez l'opération avec les 2 autres tartelettes.

Bouchées aux fruits de mer

4 croûtes moyennes de bouchées, en pâte feuilletée	20 g de beurre
500 g de moules	1 citron
500 g de coques	1 cuil. à soupe de farine
100 g de crevettes décortiquées	15 cl de lait
100 g de champignons de couche	4 branches de persil plat
	sel
	poivre

— Lavez les moules à grande eau, mettez-les dans le récipient, couvrez, programmez 30 s ; retirez celles qui sont entrebâillées et ainsi de suite par programmations de 30 s en faisant à chaque fois pivoter d'un quart de tour, jusqu'à ce que toutes les moules soient retirées.

— Récupérez l'eau rendue en la filtrant soigneusement.

— Procédez de la même façon pour les coques.

— Nettoyez les champignons, émincez-les ; mettez-les dans le récipient nettoyé avec le beurre et le jus du citron ; programmez 1 mn.

— Délayez la farine avec le lait et de l'eau des coquillages (pas plus de 7 à 8 cl), en veillant à ne pas former de grumeaux ; versez sur les champignons, mélangez bien ; programmez 2 mn.

— Pendant ce temps, prélevez la chair des coquillages (attention, il peut être utile de rincer les coques si elles sont sableuses).

— Mêlez au contenu du récipient la chair des coquillages, les crevettes, le persil finement haché. Rectifiez l'assaisonnement en sel (il peut ne pas être nécessaire) poivrez.

— Répartissez dans les croûtes ; posez 2 bouchées fourrées sur une assiette, sans qu'elles se touchent et sans les couvrir ; programmez 2 mn.

— Renouvelez l'opération avec les 2 autres bouchées.

Feuilles de chou farcies à la grecque

24 feuilles de chou
100 g de riz de préférence à
   grain rond
250 g d'épaule d'agneau
100 g d'oignons
2 cuil. à soupe d'huile d'olive
sel
poivre
une pointe de cannelle

20 cl de vin blanc
1 citron
10 cl d'huile d'arachide
1 bouquet garni (2 branches
   de thym, 1/2 feuille de
   laurier, 3 branches de
   persil)
1 dz de grains de poivre noir
2 dz de grains de coriandre

Préparez les feuilles farcies :

— Retirez la grosse côte centrale de chaque feuille de chou, lavez, plongez dans de l'eau salée en ébullition, égouttez 3 mn après la reprise de l'ébullition.

— Lavez le riz, faites-le cuire 17 mn dans une grande quantité d'eau bouillante salée ; égouttez.

— Hachez la viande à grille moyenne.

— Pelez et hachez les oignons, mettez-les dans un bol avec l'huile d'olive, couvrez ; programmez 2 mn.

— Mélangez le riz, la viande, la moitié des oignons, sel et poivre.

— Disposez les feuilles de chou tête-bêche, deux par deux, pour former une sorte de corbeille. Répartissez la farce. Enveloppez en petits paquets.

Faites cuire à la grecque :

— Dans le récipient, versez le vin, programmez 2 mn sans couvrir.

— Pelez le citron à vif, coupez-le en fines tranches, éliminez les pépins.

— Dans le récipient, ajoutez au vin, l'huile d'arachide, le reste d'oignons, le bouquet, les grains de poivre, les grains de coriandre, les rondelles de citron, couvrez ; programmez 1 mn.

— Faites pivoter d'un quart de tour, ajoutez les feuilles de chou côte à côte mais sans qu'elles se touchent; programmez 2 mn.

— Faites pivoter d'un quart de tour, intervertissez les feuilles de chou en mettant au centre celles qui étaient sur le pourtour du plat et vice-versa; programmez 2 mn. Faites pivoter d'un quart de tour, retournez les feuilles farcies, programmez 2 mn.

— Laissez refroidir dans le plat, mettez au réfrigérateur avec le fond de cuisson, en couvrant, au moins 12 h avant de servir glacé.

Les œufs

Pour une meilleure réussite

■ N'essayez jamais de cuire un œuf entier dans sa coquille au four à micro-ondes, même dans de l'eau, pour le préparer à la coque, mollet ou dur. En effet :
— d'une part le blanc et le jaune n'ayant pas la même constitution moléculaire, ne cuisent pas de la même façon, et c'est hélas le jaune qui cuit le plus vite ;
— d'autre part, sous l'effet de la pression s'exerçant à l'intérieur, l'œuf éclate à chaque fois.
Il est bien un palliatif consistant à percer la coquille avec une épingle ; n'empêche que le jaune cuit avant le blanc, amenant le résultat inverse de ce que l'on désire en général.

■ Par contre, vous pouvez très bien cuire des œufs hors coquille, mais *attention*, il est indispensable de percer la menbrane vitelline ou petite pellicule recouvrant le jaune, sinon celui-ci éclate également ; pour cela, il suffit de le piquer en son centre avec un petit bâtonnet pointu en bois : si le jaune est bien frais, il ne coule pas.

En ce dernier cas, commencez toujours à cuire le blanc en premier, ajoutez le jaune en cours d'opération, afin de pouvoir arriver à un équilibre de cuisson agréable.

■ Si vous préparez une omelette, ramenez en cours de cuisson les bords de la préparation vers le centre, sinon celui-ci sera déjà sec lorsque les bords seront encore baveux ; une exception : quand les œufs battus sont alliés à une garniture humide (œufs à la piperade, omelette à la tomate).

■ Les œufs ne doivent jamais être soumis très longtemps aux micro-ondes car, une fois le four arrêté, ils continuent à s'auto-cuire par diffusion pendant la minute qui suit.

Œufs au lard

**120 g de lard de poitrine
demi-sel blanchi
20 g de beurre
8 œufs
sel
poivre**

— Coupez le lard en petites et très fines lamelles.
— Beurrez 4 petits plats individuels; dans l'un d'eux, mettez les lamelles de lard; programmez 2 mn. Faites pivoter d'un quart de tour, programmez 2 mn.
— Répartissez le lard dans les 4 plats.
— Cassez les œufs sur le lard en ne mettant que les blancs (2 œufs par plat) et en laissant les jaunes dans une demi-coquille; salez et poivrez, couvrez. Mettez ces plats, deux par deux dans le four; programmez 1 mn.
— Faites pivoter d'un quart de tour, posez deux jaunes dans chaque plat, percez chacun au centre avec la pointe d'un petit bâtonnet, remettez rapidement dans le four en couvrant; programmez 20 s.
— Préparez de la même façon la seconde «fournée».

Œufs à la tomate

150 g d'oignons
20 g de beurre
400 g de tomates
2 branches de persil plat
8 feuilles de basilic
sel
poivre
8 œufs

— Pelez et hachez les oignons. Pelez, égrenez, concassez la tomate (couper la chair en petits morceaux) ; mêlez-y le persil et le basilic finement hachés ou ciselés, sel et poivre.

— Beurrez 4 plats individuels. Dans l'un d'eux, mettez les oignons et 2 cuillerées à soupe d'eau, programmez 2 mn. Faites pivoter d'un quart de tour, programmez 2 mn.

— Répartissez les oignons dans les 4 plats, ajoutez la tomate concassée. Introduisez 2 plats dans le micro-ondes, programmez 30 s.

— Cassez 2 œufs par plat, en ne mettant que les blancs (conservez les jaunes dans une demi-coquille) ; salez et poivrez, couvrez, programmez 1 mn.

— Faites pivoter d'un quart de tour, posez deux jaunes dans chaque plat, percez chacun au centre avec la pointe d'un bâtonnet pointu, remettez rapidement dans le four en couvrant ; programmez 20 s.

— Préparez de la même façon les 2 autres plats.

Œufs en piperade

2 poivrons rouges
2 poivrons verts
3 cuil. à soupe d'huile d'olive
50 g d'oignons
1 gousse d'ail
500 g de tomates
sel, poivre
8 œufs

— Essuyez les poivrons, équeutez-les, coupez-les en quatre dans leur longueur, retirez toutes les graines.
— Versez 1 cuillerée d'huile dans le récipient, disposez la moitié des poivrons posés sur leur côté extérieur, programmez 1 mn ; retirez les poivrons du plat.
— Remettez 1 cuillerée d'huile, procédez de la même façon avec le reste de poivrons.
— Pelez et hachez les oignons, mettez-les dans le récipient avec la dernière cuillerée d'huile ; programmez 2 mn.
— Retirez la fine pellicule extérieure qui recouvre les poivrons et s'enlève alors toute seule, coupez la pulpe en fines lanières.
— Pelez, égrenez, concassez les tomates (coupez la chair en petits morceaux). Pelez et pilez l'ail, mélangez-le aux tomates en salant et poivrant.
— Sur les oignons, mettez les lanières de poivrons en alternant poivrons verts et poivrons rouges ; couvrez avec la tomate, programmez 2 mn en récipient fermé.
— Battez les œufs en omelette en salant et poivrant légèrement (tenez compte des légumes). Versez sur les légumes, programmez 10 secondes.
— Faites pivoter le récipient d'un quart de tour, programmez 10 à 15 secondes selon que vous désirez les œufs plus ou moins «moelleux».

L'omelette au cantal

8 œufs
100 g de cantal
2 cuil. à soupe de crème
fraîche
sel
poivre
20 g de beurre

— Coupez le cantal en fines lamelles assez petites.

— Battez les œufs en omelette, incorporez la crème, salez très légèrement à cause du fromage, poivrez.

— Versez les œufs dans le récipient beurré, programmez 10 s.

— Mettez les lamelles de cantal au centre de l'omelette, sur le dessus, ramenez les bords sur le fromage pour le recouvrir ; faites pivoter d'un quart de tour, programmez 15 à 20 s selon que vous désirez une omelette plus ou moins sèche.

Omelette aux pelures de truffe

8 œufs
1 petite boîte de pelures de
   truffe
sel
poivre
30 g de beurre

— Prenez les gros morceaux de pelures de truffe, émincez-les; hachez le reste assez grossièrement; gardez le jus de conserve.

— Battez les œufs en omelette, incorporez le jus des pelures de truffe et les morceaux hachés, salez et poivrez.

— Avec les deux-tiers du beurre, graissez le récipient, versez les œufs battus, couvrez; programmez 10 s.

— Faites pivoter d'un quart de tour, disposez les lamelles de truffe au centre de l'omelette, sur le dessus; ramenez les bords pour les recouvrir; programmez 15 à 20 s selon le degré de cuisson désiré.

— Pour présenter, parsemez le dessus de l'omelette du reste de beurre divisé en petites noisettes.

Les fruits de mer
et poissons

Pour une meilleure réussite

■ **Les coquillages** — lavés — se mettent tels quels au four à micro-ondes, dans le récipient couvert, mais dès que les coquilles commencent à s'entrebâiller, il faut les retirer, sinon ils se dessèchent.

Le four à micro-ondes peut d'ailleurs être utilisé pour ouvrir sans difficulté certains coquillages réticents : huîtres — praires — coquilles saint-jacques, à condition qu'ils soient destinés à être cuisinés, car pendant le très court temps où ils vont s'ouvrir, il vont subir un léger «frémissement» dans leur propre eau.

■ **Les crustacés** peuvent être cuits avec leur carapace à condition d'ajouter un peu d'eau dans le récipient : 2 cuillerées à soupe pour des crustacés de 20 à 80 g — 4 cuillerées pour des crustacés de 80 g à 150 g — 10 cl au-dessus. Leur cuisson ne demandant que 2 mn pour les petits specimens, à 8 à 9 mn au maximum pour les gros crustacés de 1 kg à 1 kg 500. Pour ces derniers, dès qu'ils sont cuits, il faut pratiquer un ou deux petits trous dans leur carapace, ou une petite fente, de façon à laisser s'évacuer la vapeur interne pendant 1 à 2 mn avant de procéder à leur découpage.

■ **Le poisson-portion** cuit «nature» c'est-à-dire tel quel dans le four (en récipient couvert) avec sa peau et ses écailles (mais vidé et cavité ventrale nettoyée), étuvé de 5 à 6 mn selon son épaisseur, est d'une saveur inégalée.

Le poisson-portion cuit entier mais écaillé, avec matière grasse ou sauce, ne demande que 3 à 5 mn, selon sa grosseur.

■ *Attention :* la peau sombre des poissons plats durcit; il faut donc la retirer avant cuisson si le poisson s'y prête, sinon après, avant de servir.

■ La rapidité de cuisson nécessite, si vous désirez **farcir** les poissons, de pré-cuire la farce.

Coquillages marinière

Peuvent se préparer de cette façon : *moules, coques, praires,* ou autres petits coquillages comme les *lavignons, pétoncles,* etc.

2 kg de coquillages
50 g d'échalotes
150 g de beurre
25 cl de vin blanc
1 bouquet garni (1 branche de
    thym, 1/4 de feuille de
    laurier, 2 branches de
    persil)

sel éventuellement
poivre
4 à 6 autres branches de persil

— Pelez et hachez les échalotes, mettez-les dans un récipient (une soupière) avec 50 g de beurre ; programmez 2 mn.

— Ajoutez le vin et le bouquet, programmez 2 mn. Faites pivoter d'un quart de tour, programmez 1 mn.

— Lavez les coquillages à grande eau, jusqu'à ce que celle-ci reste claire ; s'il s'agit de moules, prenez soin de retirer le byssus.

— Mettez les coquillages dans le récipient, programmez 30 s, brassez.

— Continuez ainsi, par périodes de 30 s, en retirant les coquillages qui se sont entrebâillés à chaque fois que vous brassez, et en les plaçant dans le plat de service chaud.

— Passez le jus de cuisson à l'étamine (filtrez) dans un bol, rectifiez l'assaisonnement en sel, poivrez ; ajoutez le reste de beurre en morceaux ; mettez dans le four sans couvrir, programmez 2 mn.

— Parsemez les coquillages de persil haché, arrosez avec le contenu du bol pour servir.

Coquillages à la persillade

Moules, coques ou *praires*

4 dz de moules ou de praires
le triple de coques
gros sel
6 branches de persil plat
2 gousses d'ail
100 g de beurre
poivre

— Ouvrez les coquillages à cru (vous devrez les cuire en deux fois) ; posez-les sur un plat à tarte en porcelaine à feu, couvert d'une couche de gros sel, ce qui permet de les maintenir bien calés horizontalement.
— Hachez très finement le persil et l'ail pelé ; malaxez avec le beurre et du poivre au moulin.
— Déposez un peu de ce beurre aromatisé dans chaque coquillage ; mettez-les dans le four sans couvrir ; programmez 30 s.
— Faites pivoter d'un quart de tour, programmez 30 s.
— Opérez de la même façon pour le reste des coquillages.

Mouclade

2 kg de moules de bouchot
que vous pouvez ouvrir au
départ comme les moules
à la marinière
1 cuil. à café de curry
de Madras en poudre
2 œufs
25 cl de crème fraîche
sel
poivre

— Les moules venant d'être ouvertes, comme les moules à la marinière, enlevez sur chacune la coquille vide.

— Délayez le curry avec les jaunes d'œufs et avec la crème ; délayez encore avec un peu de jus de cuisson des moules soigneusement filtré à l'étamine, environ 10 cl ; rectifiez l'assaisonnement en sel et en poivre.

— Dans un récipient, disposez une couche de moules, arrosez avec un peu de sauce au curry ; une autre couche de moules, un peu de sauce, etc. jusqu'à épuisement des ingrédients.

— Introduisez le plat dans le four en couvrant, programmez 30 s, faites pivoter d'un quart de tour, programmez 30 s.

Coquilles saint-jacques
à la vapeur d'algues

12 coquilles saint-jacques
2 poignées de varech
    très frais

— Ouvrez les coquilles saint-jacques à cru, prélevez les noix et les coraux, lavez; n'oubliez pas de retirer le petit muscle qui entoure la noix.

— Rincez les algues à grande eau pour éliminer tout le sable, mettez-en la moitié dans un récipient, posez dessus les noix et les coraux, couvrez avec le reste d'algues.

— Programmez 45 s, faites pivoter d'un quart de tour, programmez 30 s.

— Laissez reposer 1 mn avant de récupérer les noix et coraux.

A noter
— Ne salez pas, les algues suffisent.

— Présentez les saint-jacques avec une sauce de votre choix; beurre fondu ou sauce à la crème (voir chapitre « sauces»).

Coquilles saint-jacques à la bretonne

8 coquilles saint-jacques	15 cl de lait
25 g d'échalotes	10 cl de crème fraîche
50 g de beurre	sel, poivre
100 g de champignons de couche	un peu de pain de campagne
1 citron	rassis avec sa croûte
20 g de farine	

— Ouvrez les saint-jacques à cru ou au micro-ondes (en ce dernier cas, n'attendez pas qu'elles s'entrebâillent ; dès qu'elles font «floc», retirez-les) ; prélevez les noix et les coraux, lavez, retirez le petit muscle qui entoure les noix, coupez chacune en deux dans l'épaisseur. Lavez et brossez 4 coquilles creuses.

— Pelez et hachez les échalotes, mettez-les dans un récipient avec 10 g de beurre, couvrez, programmez 2 mn.

— Nettoyez les champignons, émincez-les, mettez-les avec les échalotes en ajoutant le jus du citron et 20 g de beurre, couvrez, programmez 1 mn.

— Délayez la farine avec le lait et la crème, en veillant à ne pas former de grumeaux, salez et poivrez ; versez sur les champignons, remuez ; programmez 1 mn.

— Beurrez les 4 coquilles nettoyées, répartissez les noix et les coraux de saint-jacques, couvrez avec le contenu du récipient, parsemez le pain émietté (la croûte donne de la couleur).

— Posez les coquilles côte à côte sur un plat, couvrez, programmez 1 mn ; retirez le couvercle, faites pivoter d'un quart de tour, programmez 20 s.

Homard au beurre

4 petits homards de 450 g environ
50 g de beurre
sel, poivre.

— Coupez chaque homard à cru, en deux dans sa longueur ; retirez la poche à graviers qui se trouve dans les coffres et le sillon gris qui sillonne la chair de la queue et qui est l'intestin.

— Versez 10 cl d'eau dans un récipient. Posez les demi-homards crus côte à côte sans qu'ils se touchent (vous pouvez procéder en deux «fournées»). Salez et poivrez la chair et parsemez de petites noisettes de beurre. Couvrez (si vous utilisez un film plastique, n'oubliez pas de percer quelques petits trous sur le dessus). Programmez 1 mn.

— Faites pivoter le plat d'un quart de tour, intervertissez les demi-homards du centre et ceux de l'extérieur, couvrez, programmez 45 s. Faites pivoter d'un quart de tour, programmez 30 s.

— Laissez reposer 30 s à 1 mn avant de servir, sans toutefois laissez tiédir, les homards devant être présentés bien chauds.

Civet de langouste à la catalane

1 langouste de ± 1 kg 200
100 g d'échalotes
100 g d'oignons
10 cl d'huile d'olive
1 bouquet garni (1 branche de
   thym, 1/4 de feuille de
   laurier, 2 branches de persil)
2 cuil. à soupe de cognac
25 cl de banyuls rancio
sel
poivre
500 g de tomates très fermes
2 gousses d'ail
une pointe de cayenne
125 g de beurre

— Pelez et hachez les échalotes et les oignons ; mettez-
les dans un récipient (une cocotte Pyrex convient fort
bien) avec l'huile et le bouquet, couvrez ; programmez
1 mn. Retirez du four.

— Dans un bol, versez le cognac et le banyuls, mettez-le
dans le four sans couvrir, programmez 3 mn. Retirez du
four.

— Pendant ces deux opérations, préparez la langouste à
cru en séparant le coffre de la queue, en prenant la
précaution de récupérer le liquide incolore qui s'écoule
et qui est la lymphe ou «sang» du crustacé. Coupez le
coffre en deux dans sa longueur, enlevez la poche à
graviers. Tronçonnez la queue en suivant les anneaux de
la carapace (4 tronçons). Séparez les pattes. Récupérez
encore toutes les parties crémeuses du coffre, le corail
(lequel est verdâtre et non orangé avant cuisson) et les
œufs s'il y en a.

— Mettez tous les morceaux de langouste, sauf les parties récupérées, dans le premier récipient avec les écha-

lotes et les oignons; ajoutez 2 cuillerées à soupe d'eau, salez et poivrez, couvrez; programmez 2 mn. Faites pivoter d'un quart de tour, retirez les pattes, retournez tous les morceaux, programmez 30 s.

— Pelez, égrenez les tomates, concassez-les (coupez la chair en petits morceaux); pelez et pilez l'ail, mêlez-le aux tomates. Ajoutez au contenu du récipient le contenu du bol; rectifiez l'assaisonnement, couvrez. Programmez 2 mn.

— Sortez le récipient du four, videz le jus de cuisson dans le bol, remettez-le dans le four sans couvrir, programmez 2 mn.

— Hors du four, mêlez en fouettant, au contenu du bol, toutes les parties crémeuses, le corail, la lymphe et les œufs, ainsi que le cayenne et le beurre morceau par morceau.

— Versez cette sauce sur la langouste. Remettez-la dans le four sans couvrir, programmez 20 s.

Fricassée de langoustines

1 kg de langoustines de petite
   taille
50 g de beurre
5 gousses d'ail
10 à 12 branches de persil plat
2 cuil. à soupe d'huile d'olive
sel
poivre

— Mettez le beurre dans un récipient (une cocotte Pyrex convient fort bien), couvrez, programmez 30 s.
— Ajoutez les langoustines en carapace et 2 cuillerées à
soupe d'eau, couvrez; programmez 2 mn.
— Pelez l'ail, mixez-le avec l'huile et le persil, pour
obtenir un hachis fin.
— Faites pivoter le récipient d'un quart de tour, retournez les langoustines en les brassant et en mêlant le hachis
d'aromates, sel et poivre; couvrez, programmez 1 mn.
— Présentez les langoustines tel quel.

Note : proposez à part de fines tranches de pain de
campagne, du beurre demi-sel et des quartiers de citron.

Paupiettes de poisson

10 filets de merlan minces et
  larges de ± 80 g chacun
le vert d'une botte de bettes
100 g de lard de poitrine
  maigre demi-sel blanchi
20 cl de crème fraîche
2 œufs
sel
poivre

200 g de fond de crustacés
  (voir chapitre sauces et
  fonds de cuisson)
ou à défaut de
  mirepoix à la bordelaise
50 g de beurre
25 cl de vin blanc

— Prélevez le vert de bettes, lavez-le à grande eau, jetez-le dans de l'eau salée à ébullition, égouttez 3 mn après la reprise de l'ébullition, passez sous l'eau froide pour raviver la couleur; pressez entre les mains pour exprimer toute l'eau, coupez le bloc obtenu en fines tranches, ce qui donne de minces lanières; mettez-les dans un saladier.

— Coupez le lard en morceaux, passez-le au mixeur avec 2 filets de poisson, la crème et les œufs entiers; ajoutez au vert de bettes; rectifiez l'assaisonnement en sel, poivrez.

— Dans un récipient, mettez le fond de crustacé, le beurre et le vin, mélangez bien, couvrez; programmez 2 mn. Faites pivoter d'un quart de tour, remuez, programmez 2 mn.

— Etalez le reste des filets de poisson sur une planche, étalez la farce dessus, roulez sans trop serrer, maintenez avec un bâtonnet en bois.

— Introduisez les paupiettes dans le récipient, sans qu'elles se touchent; programmez 2 mn. Faites pivoter d'un quart de tour, intervertissez les paupiettes qui se trouvent au centre et celles de l'extérieur, en les retournant; si la sauce vous semble un peu sèche, ajoutez 2 cuillerées à soupe d'eau chaude; programmez 2 mn.

— Laissez reposer 2 à 3 mn avant de servir.

Blanquette de filets de poisson

800 g de filets de poisson au
   choix, mais tous de même
   épaisseur
2 poireaux bien blancs
100 g de carottes
50 g d'oignons
1 bouquet garni (1 branche de
   thym, 1/4 de feuille de
   laurier, 1 petite branche de
   céleri, 2 branches de persil)
20 g de beurre
20 cl de vin blanc
100 g de champignons de
   couche
sel, poivre
20 cl de crème fraîche

— Epluchez, lavez les poireaux et les carottes, émincez-les finement. Pelez l'oignon, émincez-le également. Mettez le tout dans un récipient avec le bouquet, le beurre et le vin blanc, couvrez; programmez 2 mn. Faites pivoter d'un quart de tour, remuez; programmez 2 mn.

— Nettoyez les champignons, émincez-les, introduisez-les sans attendre dans le récipient pour qu'ils n'aient pas le temps de noircir, salez et poivrez, remuez; programmez 2 mn.

— Ajoutez les filets de poisson en les enfonçant dans le fond de cuisson, ajoutez la crème. Faites pivoter d'un quart de tour, programmez 2 mn. Faites pivoter d'un quart de tour, programmez 1 mn.

— Laissez reposer 2 à 3 mn avant de servir.

Tranches de poisson au safran

4 tranches de poisson de ± 150
  à 180 g chacune
  (de préférence maigre :
  cabillaud, merlu, lieu jaune,
  etc.)
100 g de beurre
sel
poivre
25 cl de crème fraîche
1 à 2 doses de safran selon
  votre goût

— Veillez à ce que la peau qui entoure les tranches soit écaillée, essuyez-la soigneusement.
— Mettez les tranches côte à côte dans un récipient, sans qu'elles se touchent, avec la moitié du beurre et 2 cuillerées à soupe d'eau, couvrez ; programmez 1 mn.
— Retirez la peau qui entoure les tranches, retournez celles-ci, salez et poivrez. Ajoutez la crème dans laquelle vous aurez délayé le safran, couvrez ; programmez 2 mn.
— Laissez reposer 2 mn avant de servir.

Bars aux légumes

4 petits bars-portions de 200 g environ	100 g de petits oignons blancs
sel	3 cuil. à soupe d'huile d'olive
poivre	250 g de pommes de terre
100 g de carottes	250 g de courgettes
	200 g de tomates

— Ecaillez, videz, lavez, essuyez les poissons. Salez et poivrez la cavité ventrale de chacun.

— Epluchez et lavez les carottes, émincez-les finement comme des chips avec la râpe spéciale.

— Pelez les petits oignons. Mettez-les dans le récipient avec 2 cuillerées à soupe d'eau et les carottes, couvrez ; programmez 2 mn. Faites pivoter d'un quart de tour, retournez les légumes avec une spatule, programmez 2 mn.

— Epluchez et lavez les pommes de terre, coupez-les en petits dés. Essuyez les courgettes sans les peler, éliminez les extrémités, coupez en rondelles. Pelez, égrenez, concassez les tomates (coupez la chair en petits morceaux).

— Posez les poissons côte à côte sans qu'ils se touchent, sur les carottes et oignons, ajoutez dessus les dés de pommes de terre, les rondelles de courgettes, les poissons devant être recouverts ; ajoutez encore les tomates, salez et poivrez, versez 2 cuillerées à soupe d'eau et la dernière cuillerée d'huile, couvrez.

— Programmez 2 mn, faites pivoter d'un quart de tour, programmez 2 mn.

— Goûtez les pommes de terre et les courgettes pour vous rendre compte de leur cuisson. Si elles sont bien, les poissons sont à point. Eventuellement, programmez à nouveau par périodes de 30 s à 1 mn, en faisant pivoter le plat d'un quart de tour.

— Laissez reposer 2 mn avant de servir.

Dorade farcie

1 dorade d'environ 1 kg
80 g d'échalotes
40 g de beurre
100 g de champignons de
   couche
1 citron
100 g de mie de pain de
   campagne rassis
3 cuil. à soupe de lait

1 œuf
8 branches de persil plat
4 feuilles d'estragon
sel
poivre
20 cl de vin blanc
10 cl de fumet de poisson
   (voir chapitre sauces et
   fonds de cuisson)

— Ecaillez, videz, lavez, essuyez la dorade. Fendez-la tout le long du dos pour l'ouvrir en deux sans séparer les moitiés, enlevez l'arête centrale et les arêtes implantées dans la cavité ventrale (votre poissonnier peut, à votre demande, effectuer ces opérations pour vous, d'autant que les écailles de la dorade sautent partout).

— Pelez et hachez les échalotes, mettez-en la moitié dans un récipient, avec la moitié du beurre, couvrez, programmez 2 mn.

— Nettoyez et hachez les champignons, ajoutez-les aux échalotes avec le jus du citron, remuez, programmez 2 mn.

— Ajoutez encore le pain émietté et le lait, remuez; programmez 30 s.

— Hors du feu, mêlez au contenu du récipient l'œuf entier, la moitié du persil finement haché et l'estragon ciselé, salez et poivrez.

— Etalez la préparation sur le poisson ouvert (sur un seul côté) rabattez l'autre pour reformer la dorade.

— Dans le récipient, mettez le reste d'échalotes, le reste de beurre et le vin, couvrez; programmez 2 mn.

— Posez la dorade délicatement sur les aromates, arrosez-la avec le fumet, salez et poivrez en tenant compte de la farce, couvrez ; programmez 2 mn. Faites pivoter d'un quart de tour, programmez 2 mn sans retourner le poisson car, désarêté, il est fragile, mais en l'arrosant avec le fond de cuisson.

— Faites pivoter d'un quart de tour, programmez 2 mn.

— Pour servir, laissez reposer 2 mn et coupez en tranches de la tête à la queue.

Harengs portière

4 harengs frais de 180 à 200 g
  chacun, si possible 2 avec
  laitance et 2 avec rogue
  (les œufs)
100 g de beurre
1 grosse cuil. à soupe de
  moutarde blanche forte
1 cuil. à 1 cuil. 1/2 de vinaigre
  de vin
sel
poivre
4 branches de persil plat

— Ecaillez, videz les harengs en récupérant rogues et
laitances, lavez les poissons, essuyez-les; dans chacun,
remettez une demi-rogue et une demi-laitance.
— Dans un récipient, posez les poissons sans qu'ils se
touchent, parsemez la moitié du beurre en noisettes,
couvrez; programmez 2 mn.
— Faites pivoter le récipient d'un quart de tour. Intervertissez les harengs du centre et ceux de l'extérieur, en
les retournant, et programmez 30 s à 1 mn selon leur
épaisseur.
— Retirez les poissons; dans le récipient, mettez 20 g de
beurre, la moutarde et le vinaigre, mélangez bien, couvrez; programmez 10 s.
— Hors du four, sans attendre, ajoutez au contenu du
récipient le reste de beurre en battant; salez selon la
moutarde, poivrez, ajoutez encore le persil finement
haché. Nappez les poissons.

Lieu en papillotes

4 tranches de lieu (lieu jaune ou
   lieu noir selon le marché ou
   le budget)
2 poivrons rouges
2 cuil. à soupe d'huile d'olive
1 citron
100 g d'olives noires
   dénoyautées
sel
poivre
50 g de beurre

— Essuyez les poivrons, équeutez-les, coupez-les en
quatre dans la longueur, retirez les graines. Versez la
moitié de l'huile dans un récipient, posez les quarts de
poivrons sur leur côté extérieur, couvrez; programmez
2 mn.

— Retirez la fine pellicule qui les recouvre extérieurement, passez-les au mixeur avec le reste d'huile et 1 cuillerée à soupe de jus de citron. Ajoutez à la purée obtenue les olives coupées en 3 à 4 morceaux, sel et poivre.

— Prenez 4 morceaux de papier sulfurisé, beurrez une
face.

— Enlevez la peau qui entoure chaque tranche de poisson, posez une tranche sur chaque morceau de papier
beurré, nappez avec la purée de poivrons aux olives;
fermez hermétiquement.

— Posez 2 papillotes sur une assiette, percez le dessus
de chacune de deux à trois petits trous, mettez dans le
four, programmez 1 mn et demie. Faites pivoter d'un
quart de tour, programmez 1 mn et demie.

— Procédez de la même façon pour les deux autres
papillotes.

Lotte en gigot à la provençale

1 queue de lotte (baudroie
  dépouillée) de ± 800 g
1 poivron vert
1 poivron rouge
4 cuil. à soupe d'huile d'olive
250 g d'oignons
50 g d'échalotes
20 cl de vin blanc

1 bouquet garni
(2 branches de thym, 1/4 de
  feuille de laurier, 2 branches
  de persil)
2 gousses d'ail
2 aubergines
4 courgettes moyennes
sel, poivre

— Essuyez les poivrons, équeutez-les, coupez-les en quatre dans leur longueur, retirez les graines. Versez l'huile dans un récipient, posez les poivrons sur leur côté extérieur, couvrez; programmez 2 mn.

— Prélevez les poivrons avec l'écumoire, laissez-les en attente.

— Mettez à leur place les oignons et les échalotes pelés et hachés, le vin et le bouquet, couvrez; programmez 2 mn.

— Pelez l'ail, coupez chaque gousse en deux, piquez dans la queue de lotte comme pour piquer un gigot. Posez le poisson dans le récipient, sur les aromates, couvrez, programmez 1 mn.

— Epluchez les aubergines, coupez-les en minces rondelles. Essuyez les courgettes sans les éplucher, retirez les extrémités, coupez-les également en fines rondelles. Retirez la fine pellicule qui recouvre les poivrons, coupez la chair en fines lanières.

— Retournez le poisson; sur la partie la plus fine, l'extrémité de la queue, disposez les courgettes, puis les aubergines, ces légumes devant arriver jusqu'à la moitié du poisson; sur le reste, mettez les lanières de poivrons; nappez le tout avec du fond de cuisson du plat, à la cuillère, salez et poivrez. Couvrez, programmez 2 mn.

— Faites pivoter le plat d'un quart de tour, programmez 2 mn.

— Vérifiez la cuisson des légumes, retirez le bouquet.

Maquereaux au vin blanc

1 dz de petits maquereaux de
    ligne dits «lisettes» si
    possible de la même taille
sel
poivre
100 g de carottes
100 g d'oignons

20 cl de vin blanc
1 bouquet garni
(2 branches de thym, 1/2 feuille
    de laurier, 3 branches de
    persil)
1 pincée de sucre semoule
1 citron

— Videz les maquereaux par les ouïes pour ne pas ouvrir les cavités ventrales, ce qui donnera une meilleure présentation ; lavez, essuyez, salez et poivrez l'intérieur de la cavité ventrale.

— Epluchez, lavez les carottes, émincez-les finement comme des chips, à la râpe spéciale. Pelez et hachez les oignons. Mettez le tout dans un récipient avec le vin, le bouquet, le sucre, couvrez ; programmez 2 mn. Faites pivoter d'un quart de tour, programmez 2 mn.

— Lavez le citron, coupez-le en très fines rondelles, éliminez les pépins.

— Disposez les maquereaux dans le récipient, couvrez-les avec les rondelles de citron, couvrez ; programmez 2 mn. Faites pivoter d'un quart de tour, retournez les poissons ; programmez à nouveau 1 mn à 1 mn et demie selon la grosseur des poissons.

— Laissez refroidir dans le récipient, mettez au réfrigérateur.

— Présentez bien froid, en retirant le bouquet.

Note : les maquereaux ainsi préparés peuvent se conserver 4 à 5 jours au réfrigérateur.

Merlans en filets, à la tomate

4 beaux filets de merlan
    d'environ 180 g chacun
50 g d'oignons
4 cuil. à soupe d'huile d'olive
500 g de tomates
1 gousse d'ail
4 branches de persil
sel, poivre

— Pelez et hachez les oignons, mettez-les dans un récipient avec 2 cuillerées d'huile et 2 cuillerées à soupe
d'eau; programmez 2 mn. Faites pivoter d'un quart de
tour, programmez 2 mn.

— Pelez, égrenez, concassez les tomates (coupez la
chair en petits morceaux); mêlez l'ail pelé et pilé et la
moitié du persil finement haché, sel et poivre.

— Huilez 4 assiettes; sur chacune, étalez le quart du
contenu du récipient. Posez un filet de poisson. Couvrez
avec le quart de tomate.

— Posez un couvercle sur chaque assiette, introduisez-
les dans le four (une à la fois) en programmant 3 mn.

— Pour servir, parsemez le reste de persil haché et
quelques gouttes d'huile d'olive.

Merlu en miroton

4 tranches de merlu
   de 180 à 200 g chacune
500 g d'oignons
50 g de beurre
20 cl de vin blanc
sel
poivre
6 branches de persil
100 g de petits cornichons

— Pelez et hachez les oignons, mettez-les dans un récipient avec le quart du beurre et 3 cuillerées à soupe de vin, couvrez; programmez 5 mn.

— Retirez la peau qui entoure les tranches de merlu.

— Faites pivoter le plat d'un quart de tour, ajoutez le reste de vin, remuez; couvrez; programmez 3 mn.

— Faites pivoter le plat d'un quart de tour, salez et poivrez, remuez; ajoutez 25 g de beurre. Enfouissez les tranches de poisson dans les oignons, couvrez; programmez 2 mn. Faites pivoter d'un quart de tour, programmez 2 mn.

— Pour servir, parsemez le persil haché et les cornichons coupés en fines rondelles.

Merluchons au lard

4 merluchons d'environ 180 à
   200 g chacun
200 g de lard de poitrine
   maigre demi-sel blanchi
200 g d'oignons
50 g de beurre
100 g de champignons de
   couche de très petite taille

1 citron
25 cl de vin rouge corsé
1 bouquet garni (2 branches de
   thym, 1/2 feuille de laurier,
   2 branches de persil
   enfermant 2 clous de girofle)
sel, poivre

— Ecaillez, videz, lavez les merluchons, prélevez les filets.

— Coupez le lard en tranches aussi fines que possible, enveloppez-en les merluchons.

— Pelez et hachez les oignons, mettez-les dans un récipient choisi assez long pour que les filets de merluchon puissent tenir allongés ; ajoutez 25 g de beurre, couvrez ; programmez 3 mn.

— Faites pivoter d'un quart de tour, remuez ; programmez 1 mn.

— Nettoyez les champignons en les laissant entiers (coupez les pieds au ras des chapeaux), arrosez-les avec le jus du citron pour qu'ils ne noircissent pas.

— Mouillez les oignons avec le vin, ajoutez le bouquet, programmez 2 mn. Faites pivoter d'un quart de tour, remuez ; ajoutez les champignons, sel et poivre ; programmez 1 mn.

— Introduisez les filets de merluchon côte à côte en évitant qu'ils soient trop serrés ; programmez 2 mn. Faites pivoter le récipient d'un quart de tour, arrosez le poisson avec les oignons et le jus du fond de cuisson ; programmez 1 mn. Faites pivoter d'un quart de tour, programmez encore 1 mn.

— Sortez les filets de poisson en essayant de ne pas les briser, mêlez le reste de beurre au fond de cuisson, rectifiez l'assaisonnement, versez la sauce sur le poisson.

Raie au fromage

1 aile de raie bouclée épaisse,
  d'environ 1 kg
50 g d'oignons
50 g de beurre
25 g de farine
25 cl de lait
sel
poivre
100 g de gruyère râpé
25 cl de crème fraîche

— Brossez la peau de la raie sous l'eau courante. Posez l'aile de raie dans un récipient à sa taille, ajoutez 10 cl d'eau, couvrez; programmez 1 mn.

— Sortez la raie, enlevez la peau du poisson ainsi que toutes les incrustations ressemblant à des boutons en porcelaine. Prélevez la chair en quatre parts égales, en retirant les cartilages.

— Dans le récipient nettoyé, mettez les oignons pelés et hachés et le beurre, couvrez; programmez 2 mn.

— Poudrez avec la farine, mélangez, ajoutez peu à peu le lait en remuant, en évitant de former des grumeaux, salez, poivrez; couvrez, programmez 2 mn.

— Incorporez le fromage râpé et la crème, rectifiez l'assaisonnement. Enfouissez les parts de raie dans la préparation; programmez 2 mn. Faites pivoter d'un quart de tour, retirez le couvercle, programmez 2 mn.

— Servez très chaud, la raie ne supportant pas d'être tiède.

Note : vous pouvez, si vous le désirez, passer le plat 2 mn sous la voûte allumée du four traditionnel.

Saumon au concombre

1 filet de saumon frais de 750 g
750 g de concombres choisis
   bien verts, longs et fins
   (ils ont moins de graines)
50 g de beurre
sel
poivre
8 branches de cerfeuil

— Pelez les concombres en laissant quelques traces de pelure pour rendre la présentation plus agréable à l'œil. Coupez en deux dans la longueur, chaque concombre, évidez les graines avec une petite cuillère, tronçonnez chaque demi-concombre en morceaux de 3 cm environ.

— Mettez-les dans un récipient avec le beurre, sel et poivre, couvrez, programmez 2 mn. Faites pivoter d'un quart de tour, retournez les morceaux de concombre tout en intervertissant ceux du centre et ceux du pourtour ; ajoutez éventuellement 1 à 2 cuillerées à soupe d'eau si le plat vous paraît sec ; programmez 2 mn.

— Coupez le filet de saumon en biseau, en 8 escalopes. Posez celles-ci sur les concombres, salez et poivrez légèrement ; programmez 2 mn.

— Pour servir, disposez les escalopes de saumon sur des assiettes chaudes, entourez de concombre et parsemez de pluches de cerfeuil.

Sole aux poireaux

1 sole de 800 g
2 gros poireaux bien blancs
20 cl de crème fraîche
sel
poivre
4 branches de persil plat

— Epluchez les poireaux en ne conservant que 3 cm environ de vert, lavez, émincez. Mettez-les dans le récipient avec 10 cl d'eau ; programmez 2 mn. Faites pivoter d'un quart de tour, ajoutez la crème, salez et poivrez, remuez ; programmez 2 mn.

— Retirez la peau de la sole sur les deux faces, prélevez les filets (cette opération peut être effectuée à votre demande par votre poissonnier).

— Enfouissez les filets de sole dans la préparation, faites pivoter le plat d'un quart de tour, programmez 2 mn. Faites à nouveau pivoter d'un quart de tour, programmez 1 mn.

— Parsemez le persil finement haché pour servir.

Truites aux amandes

4 truites-portions
100 g d'amandes effilées
75 g de beurre
4 branches de persil
1 citron
sel, poivre

— Videz les truites, lavez la cavité ventrale en veillant à ne pas frotter la surface des poissons ni trop les manipuler pour ne pas éliminer le limon qui les recouvre et qui leur donne une partie de leur saveur.

— Sur une assiette, étalez les amandes effilées, introduisez-les dans le four à micro-ondes, sans couvrir, programmez 1 mn par 1 mn en faisant pivoter à chaque fois l'assiette d'un quart de tour et en surveillant pour retirer les amandes dès qu'elles commencent à se dessécher en prenant une légère teinte.

— Beurrez un plat, posez dessus les poissons.

— Malaxez le reste de beurre avec le persil finement haché, le jus du citron, sel et poivre, l'assaisonnement devant être assez soutenu. Parsemez ce beurre malaxé en noisettes, sur les truites, couvrez; programmez 2 mn.

— Faites pivoter d'un quart de tour, retournez les truites, parsemez les amandes, couvrez; programmez 2 mn.

Turbotins façon Dugléré

2 turbotins de 600 g chacun
80 g d'échalotes
75 g de beurre
20 cl de vin blanc
4 tomates bien fermes
sel, poivre
2 cuil. à café de farine
10 cl de crème fraîche

— Retirez la peau des turbotins sur les deux faces, prélevez les filets (votre poissonnier peut effectuer cette opération).

— Pelez et hachez les échalotes, mettez-les dans un récipient avec le tiers du beurre et le vin, couvrez; programmez 2 mn.

— Posez les filets de turbotin côte à côte.

— Pelez, égrenez les tomates avec une petite cuillère, pour ne pas qu'elles se déforment; coupez-les en fines rondelles; couvrez-en les filets de poisson, salez et poivrez; couvrez le récipient; programmez 2 mn.

— Délayez la farine avec la crème, versez sur les tomates, ajoutez le reste de beurre en noisettes; faites pivoter le récipient d'un quart de tour, programmez 3 mn.

— Laissez reposer 1 à 2 mn avant de servir.

Viandes
Charcuteries
Abats

Pour une meilleure réussite

■ Reportez-vous à la page 20 c'est-à-dire à la façon dont agissent les micro-ondes, si vous aimez la **viande rouge** bleue ou saignante, de façon à pouvoir jouer sur l'épaisseur de la pièce à cuire.

■ Si vous utilisez le plat ou la **plaque à brunir,** n'oubliez pas de badigeonner au pinceau, avec de l'huile, le morceau de viande à colorer avant de le poser sur cet accessoire très chaud, sinon il colle. Certains plats ou certaines plaques sont à «rigoles», ce qui permet de simuler les traces laissées par un gril classique.

◙ Les micro-ondes ne colorent pas non plus les **graisses** des viandes ; si elles sont en surface, vous pouvez donc également utiliser pour elles le plat ou la plaque à brunir, mais en ce cas, inutile de huiler.

◙ Pour donner de la couleur, certains manuels d'utilisation recommandent le badigeonnage avec des **sauces spéciales** vendues en flacon ou en boîte. Sachez que ces produits laissent parfois un goût qui n'est pas toujours apprécié. Il est également parfois recommandé (spécialement pour les viandes blanches), de colorer à l'œuf battu ; hélas, comme les micro-ondes ne dorent pas, cela ne donne qu'une teinte grisâtre peu tentante.

◙ *Attention si vous vous servez de modes d'emploi rédigés en Grande-Bretagne, en Amérique ou en Allemagne et simplement traduits sans être adaptés.* En effet, en ce qui concerne la cuisson des viandes rouges, les temps donnés sont toujours trop longs ; les goûts ne sont pas les mêmes que les nôtres, dans ces pays où les viandes en particulier sont presque toujours consommées très cuites.

◙ Comme en cuisson traditionnelle, **ne salez pas au départ** pour ne pas favoriser la sortie des sucs et du sang. D'ailleurs, sur un steak ou une côte de bœuf, quelques grains de gros sel parsemés juste après cuisson exaltent toujours la saveur.

◙ N'oubliez pas de **couvrir une viande,** quelle qu'elle soit, sinon elle sèche, même si au préalable elle est passée par le plat ou la plaque à brunir.

◙ Cette observation est encore plus valable pour les **abats,** viandes très délicates, comme le foie, les rognons, les cervelles, etc. A remarquer que ces derniers se réussissent parfaitement au four à micro-ondes car ils n'y «croûtent» pas.

◙ Les **charcuteries en boyau** (andouillettes, boudins, saucisses) s'accommodent également très bien de la cuisson au micro-ondes, mais il est indispensable de prendre la précaution de les piquer en trois ou quatre endroits, sinon elles éclatent sous le dégagement de vapeur intérieur.

■ Chaque viande, charcuterie ou triperie étant un produit différent, les conseils spécifiques éventuels les concernant, sont donnés avec les recettes.

Les micro-ondes cuisent également les os ! Ne vous étonnez pas, en mangeant des côtelettes, de pouvoir les couper en même temps que la viande. Mais faites attention s'il s'agit de préparations de poulet ou de lapin.

Entrecôtes
et leurs diverses présentations

**4 entrecôtes choisies étroites et
épaisses plutôt que larges et
minces de 200 à 250 g
chacune (l'entrecôte étant
un morceau donnant
beaucoup de déchets)**
huile
**gros sel + les ingrédients
nécessaires selon la
présentation choisie**

Cuisson de l'entrecôte

— Faites chauffer le plat ou la plaque à brunir, selon les instructions du constructeur.

— Trempez un pinceau dans un peu d'huile, badigeonnez les entrecôtes sur leurs deux faces.

— Posez-les sur le plat ou sur la plaque à brunir juste le temps d'un aller et retour, pour colorer.

— Faites cuire les entrecôtes deux par deux : mettez deux pièces dans un récipient, sans rien, couvrez, programmez 20 s.

— Faites pivoter d'un quart de tour, retournez les entrecôtes ; programmez 10 s.

— Parsemez immédiatement sur chacune un peu de gros sel.

— Procédez à la cuisson des deux autres.

Présentations

■ **Béarnaise :** avec de la sauce béarnaise et obligatoirement pour la dénomination, avec des pommes château et du cresson.

■ **Bercy :** avec des rondelles de beurre bercy (beurre malaxé avec une réduction refroidie d'échalotes hachées et de vin blanc).

■ **Bordelaise :** avec une sauce bordelaise (réduction d'échalotes et de vin rouge) et des rondelles de moëlle pochée.

■ **Maître d'hôtel :** avec des rondelles de beurre maître d'hôtel (beurre malaxé avec persil haché, jus de citron, sel et poivre).

■ **Marchand de vin :** avec des rondelles de beurre marchand de vin (beurre malaxé avec une réduction refroidie d'échalotes hachées et de vin rouge).

■ **Vert-pré :** avec des rondelles de beurre maître d'hôtel, et obligatoirement pour la dénomination, des pommes paille et du cresson.

Steaks de cheval

Comme les entrecôtes de bœuf.

Rôti de bœuf

1 pavé de bœuf très épais
    d'environ 1 kg 500
    (les restes se servent froids
    en assiette anglaise)
    de préférence du rumpsteak
    non bardé

huile
8 gousses d'ail
50 g de beurre
gros sel
poivre

— Faites chauffer le plat ou la plaque à brunir selon les conseils du constructeur.

— Pelez l'ail, laissez les gousses entières.

— Dans un récipient, mettez le beurre et les gousses d'ail, couvrez, programmez 2 mn.

— Au pinceau, badigeonnez le pavé de viande d'huile, sur toutes ses faces, posez-le sur le plat ou la plaque à brunir bien chaude, rapidement de tous côtés (pratiquement en le faisant rouler).

— Introduisez le rôti dans le récipient en repoussant les gousses d'ail sur les bords ; couvrez, programmez 3 mn.

— Faites pivoter le plat d'un quart de tour, retournez le rôti et les gousses d'ail (vous pouvez, si elles vous semblent déjà bien cuites, les retirer) ; programmez 2 ou 4 mn selon que vous aimez la viande plus ou moins saignante.

— Laissez reposer 3 mn dans le récipient couvert. Tranchez, parsemez les tranches de quelques grains de gros sel, donnez quelques tours de moulin à poivre. Disposez les gousses d'ail dans le plat pour les amateurs.

Rôti de cheval

Exactement de la même façon.

Bœuf mode

1 pavé de bœuf à braiser
(macreuse, jumeau,
1er ou 2e talon,
gîte, gîte arrière désossé,
voire joue si vous aimez
la viande gélatineuse),
d'environ 1 kg
100 g de lard gras frais
sans couenne
1 pied de veau
blanchi et désossé
2 cuil. à soupe d'huile
2 cuil. à soupe de cognac

800 g de carottes
50 cl de bouillon de bœuf
(voir bouillons de base,
chapitre « potages et
soupes »)
2 oignons moyens
2 clous de girofle
1 bouquet garni
(2 branches de thym,
1 feuille de laurier,
3 branches de persil)
sel, poivre

— Coupez le lard en petits bâtonnets de 1 cm de section environ ; lardez le pavé de bœuf, c'est-à-dire enfoncez les bâtonnets de lard de place en place au sein de la viande en vous aidant d'une lardoire ou d'un petit couteau d'office.

— Versez l'huile et le cognac dans un récipient (une cocotte en Pyrex convient fort bien), couvrez ; programmez 2 mn.

— Epluchez, lavez les carottes, émincez-les finement comme des chips avec la râpe spéciale. Mettez-les dans le récipient avec le quart du bouillon ; programmez 2 mn.

— Pelez les oignons, laissez-les entiers, piquez les clous de girofle.

— Faites pivoter le récipient d'un quart de tour, remuez les carottes, posez le pavé de viande dessus, disposez autour les oignons, le bouquet et la chair du pied de veau ; arrosez avec le reste de bouillon ; couvrez, programmez 5 mn.

— Faites pivoter d'un quart de tour, programmez 5 mn. Renouvelez encore l'opération deux fois, ce qui donne 20 mn de cuisson pour la viande.

— Faites pivoter d'un quart de tour, retournez la viande et le pied de veau ; si le liquide s'est trop évaporé — il doit baigner encore légèrement les carottes — arrosez à nouveau avec un peu de bouillon de bœuf chaud ; salez et poivrez.

— Programmez à nouveau par périodes de 5 mn en faisant pivoter d'un quart de tour chaque fois, pour 20 mn au total.

— Laissez reposer 10 mn récipient couvert. Tranchez la viande pour la servir en la disposant sur les carottes.

Bourguignon

1 kg de bœuf à braiser (mêmes
    morceaux que pour le bœuf
    mode), coupés en cubes de
    ± 5 cm
150 g de lard de poitrine
    maigre demi-sel blanchi
20 g de saindoux
20 g de farine
10 cl de bouillon de bœuf
    (voir bouillons de base,
    chapitre «potages et
    soupes»)
1 gousse d'ail
2 dz de très petits oignons
sel, poivre

Pour la marinade :

1 gros oignon
1 cuil. à café bombée de
    poivre concassé
1 bouquet garni (2 branches
    de thym, 1 feuille de laurier,
    3 branches de persil)
2 cuil. à soupe d'huile
50 cl de vin rouge corsé
2 cuil. à soupe de cognac

— Mettez les cubes de viande dans un plat creux avec le
gros oignon pelé et haché, le poivre concassé et le bouquet. Arrosez avec l'huile, le vin et le cognac. Couvrez et
laissez mariner au frais pendant 24 h en retournant une
ou deux fois.

— Egouttez la marinade dans un grand bol en la passant
au chinois, mettez-la dans le four à micro-ondes, sans
couvrir ; programmez 3 mn. Laissez en attente (le but est
d'éliminer les goûts acides et taniques).

— Coupez le lard en petits lardons, mettez ceux-ci dans
un récipient avec le saindoux, couvrez, programmez
1 mn.

— Epongez les cubes de viande, roulez-les dans la farine, mettez-les dans le récipient. Mouillez avec le bouillon et le contenu du bol, ajoutez l'ail pelé et pilé, couvrez. Programmez par périodes de 5 mn, en faisant pivoter à chaque fois d'un quart de tour, 20 mn au total.

— Ajoutez les petits oignons pelés, laissés entiers ; retournez les morceaux de viande en brassant avec une

spatule, salez et poivrez. Si le liquide vous semble trop évaporé, remettez un peu de bouillon chaud.

— Programmez à nouveau par périodes de 5 mn en faisant pivoter d'un quart de tour à chaque fois, pour 15 mn au total.

— Laissez reposer 15 à 20 mn avant de servir.

Boulettes de bœuf à la tomate

250 g de steak haché
125 g de chair à saucisse
100 g d'oignons
3 cuil. à soupe d'huile
75 g de mie de pain de
    campagne rassis
2 cuil. à soupe de lait
2 œufs
8 branches de persil plat
sel, poivre
500 g de tomates très fermes
2 branches de thym
une pincée de sucre semoule
10 cl de vin blanc

— Pelez et hachez les oignons, mettez-les dans un récipient avec l'huile, couvrez, programmez 2 mn.

— Prélevez la moitié des oignons avec l'écumoire, mettez-les dans un saladier avec le steak haché, la chair à saucisse, le pain émietté mouillé avec le lait, les œufs entiers, le persil finement haché, sel et poivre ; malaxez intimement.

— Façonnez en petites boulettes grosses comme une belle noix.

— Mettez dans le récipient, avec le reste des oignons, les tomates pelées, égrenées, concassées (chair coupée en petits morceaux), le thym, le sucre et le vin ; couvrez, programmez 3 mn.

— Introduisez les boulettes, programmez 2 mn. Faites pivoter d'un quart de tour, programmez 1 mn. Faites pivoter d'un quart de tour, retournez les boulettes en intervertissant celles du centre et celles de l'extérieur, programmez 2 mn. Faites une nouvelle fois pivoter d'un quart de tour, programmez 1 mn.

— Laissez reposer 2 à 3 mn avant de servir.

Côtes de veau bonne-femme

4 côtes de veau secondes
100 g de petits oignons
20 g de beurre
800 g de pommes de terre
sel, poivre
huile

— Pelez et laissez entiers les petits oignons, mettez-les dans un récipient avec le beurre, couvrez ; programmez 2 mn.

— Epluchez les pommes de terre, coupez-les en rondelles, lavez-les, épongez-les.

— Retirez les oignons avec l'écumoire, mettez les pommes de terre dans le récipient, salez et poivrez ; ajoutez 10 cl d'eau, couvrez ; programmez 5 mn.

— Faites chauffer le plat ou la plaque à brunir, selon les conseils du constructeur.

— Avec un pinceau, badigeonnez d'huile les côtes de veau sur leurs deux faces. Posez-les sur le plat ou la plaque à brunir, juste le temps d'un aller et retour.

— Faites pivoter le récipient d'un quart de tour, retournez les pommes de terre, posez les côtes de veau dessus ; disposez les petits oignons autour des côtes, couvrez, programmez 2 mn.

— Faites pivoter d'un quart de tour, salez et poivrez les côtelettes, retournez-les, couvrez ; programmez 2 mn.

— Laissez reposer 3 à 4 mn avant de servir.

Rouelle de veau aux échalotes

Pour 8 personnes :
1 rouelle de veau (tranche de
    cuisseau avec l'os central) de
    1 kg 800 à 2 kg environ
500 g d'échalotes
50 g de beurre

20 cl de vin blanc
sel, poivre
1 branche de thym
éventuellement du bouillon de
    bœuf (voir bouillons de base,
    chapitre «potages et soupes»)

— Pelez, émincez les échalotes, mettez-les dans le récipient avec le beurre et le vin, couvrez, programmez
2 mn. Faites pivoter d'un quart de tour, remuez, programmez 2 mn.

— Avec un petit couteau d'office pointu, pratiquez de
petites entailles tous les 2 cm, sur tout le pourtour de la
rouelle de veau, afin qu'elle ne se déforme pas pendant la
cuisson.

— Retirez les deux tiers des échalotes avec l'écumoire,
posez la rouelle de veau sur le reste, couvrez avec les
échalotes retirées, salez et poivrez ; parsemez les feuilles
du thym, couvrez ; programmez 5 mn.

— Faites pivoter d'un quart de tour, remuez les échalotes sur le dessus de la viande en les étalant bien à
nouveau, couvrez, programmez 4 mn.

— Faites pivoter d'un quart de tour, programmez 3 mn,
laissez reposer 5 mn. Si la cuisson vous semble un peu
sèche, arrosez avec un peu de bouillon de bœuf.

— Faites pivoter d'un quart de tour, couvrez 3 mn.
Laissez reposer 3 mn. Vérifiez la cuisson pour éventuellement programmer, après un quart de tour, 1 ou 2 périodes de cuisson de 2 mn, puis de 1 mn.

— Pour servir, sortez la viande très délicatement, coupez-la en parts comme un gâteau de façon à la laisser en
forme autour de son os central. Rectifiez l'assaisonnement du fond de cuisson, étalez-le sur la viande.

Note : exceptionnellement, ne retournez pas le morceau
de viande, la rouelle se briserait.

Grenadins de veau aux légumes nouveaux

8 grenadins (ce sont des tranches épaisses, au moins 2 cm, de filet mignon)
300 g de carottes nouvelles longues
150 g de navets nouveaux de petite taille
4 petites laitues de serre
1 dz de petits oignons blancs nouveaux
50 g de beurre
20 cl de vin blanc
huile
sel, poivre

— Epluchez ou grattez les carottes. Epluchez les navets. Epluchez les laitues. Lavez le tout, laissez carottes et navets entiers, coupez chaque laitue en deux. Pelez les petits oignons, laissez-les entiers.

— Mettez tous les légumes, sauf les laitues, dans un récipient avec la moitié du beurre et le vin, couvrez; programmez 2 mn. Faites pivoter d'un quart de tour, retournez tous les légumes avec une spatule, couvrez; programmez 2 mn. Retirez les légumes avec l'écumoire, laissez-les en attente.

— Faites chauffer le plat ou la plaque à brunir selon les conseils du constructeur.

— Avec un pinceau trempé dans un peu d'huile, badigeonnez le dessus et le dessous de chaque grenadin; posez-les sur le plat (ou la plaque) sur chacune de leurs deux faces, juste le temps d'un aller et retour.

— Mettez la viande dans le récipient, couvrez-la avec les demi-laitues, salez et poivrez, parsemez le reste de beurre en noisettes sur le légume, couvrez; programmez 3 mn. Faites pivoter d'un quart de tour, retournez le contenu du plat en mettant la viande sur les laitues; si la préparation est trop sèche, ajoutez 2 cuillerées à soupe d'eau chaude, couvrez; programmez 1 mn.

— Faites pivoter d'un quart de tour, remettez les autres légumes, couvrez, programmez 45 s.

— Laissez reposer 2 mn avant de servir.

Paupiettes de veau

8 escalopes de veau très minces
   larges de 6 à 7 cm et longues
   de 12 à 15 cm bien aplaties
200 g d'épaule de veau
100 g de gras de jambon de
   pays, ni trop salé ni avec
   goût de rance
100 g d'échine de porc

100 g d'échalotes
50 g de beurre
20 cl de vin blanc
1 bouquet garni (1 branche de
   thym, 2 branches de persil)
12 autres branches de persil
   plat
2 œufs
sel, poivre
400 g de tomates

— Pelez et hachez les échalotes, mettez-les dans un récipient avec le beurre, le vin et le bouquet, couvrez; programmez 2 mn.

— Hachez, à grille moyenne, l'épaule de veau, le gras de jambon, l'échine de porc et les 12 branches de persil. Mettez ce hachis dans un saladier, ajoutez la moitié des échalotes prélevée avec l'écumoire, les œufs entiers, sel et poivre. Mélangez intimement.

— Etalez les escalopes de veau, répartissez la farce, enveloppez sans serrer, maintenez avec un bâtonnet en bois.

— Disposez les paupiettes dans le récipient, sans en mettre au centre, mais en les disposant en cercle, ce qui uniformise leur cuisson, et sans qu'elles se touchent, couvrez; programmez 5 mn. Faites pivoter d'un quart de tour, retournez les paupiettes, ajoutez 2 cuillerées d'eau chaude dans le récipient, couvrez; programmez 2 mn.

— Pelez, égrenez, concassez les tomates (coupez la chair en petits morceaux), salez et poivrez légèrement (les paupiettes sont déjà salées).

— Faites pivoter le récipient d'un quart de tour, retournez à nouveau les paupiettes, couvrez-les avec les tomates, couvrez, programmez 2 mn.

— Faites pivoter d'un quart de tour, programmez 3 mn.

— Laissez reposer 3 mn avant de servir.

Emincé de veau zurichois

---

800 g d'épaule de veau
100 g d'oignons
25 g de beurre
20 cl de vin blanc
**150 g de champignons de
    couche**
1 cuil. à soupe de farine
20 cl de crème fraîche
sel
poivre
3 branches de persil

— Pelez et hachez les oignons, mettez-les dans un récipient avec le vin, couvrez, programmez 2 mn.

— Nettoyez les champignons, émincez-les, introduisez-les dans le récipient avant qu'ils ne noircissent à l'air, couvrez ; programmez 2 mn.

— Coupez l'épaule de veau en tranches aussi fines que possible, recoupez ces tranches en languettes (superposez-les pour le faire d'un seul coup en en coupant plusieurs à la fois).

— Délayez la farine avec la crème, salez et poivrez assez fortement, ce sera l'assaisonnement du plat.

— Faites pivoter le récipient d'un quart de tour, remuez les légumes, enfouissez les languettes de viande, arrosez avec la crème, couvrez ; programmez 3 mn.

— Faites pivoter le récipient d'un quart de tour, remuez la préparation, goûtez pour éventuellement rectifier l'assaisonnement, couvrez ; programmez 1 mn.

— Laissez reposer 2 mn. Parsemez de persil haché pour servir.

Navarin de mouton aux pommes

600 g d'épaule de mouton
    désossée
750 g de haut de côtelettes
250 g d'oignons
50 g de beurre
1 bouquet garni, (2 branches
    de thym, 1/2 feuille de
    laurier, 3 branches de
    persil)
100 g de navets
    (ce légume est traditionnel)
800 g de pommes de terre
sel, poivre

— Pelez et émincez les oignons, mettez-les dans un récipient (une cocotte en Pyrex convient fort bien) avec le beurre, 10 cl d'eau et le bouquet, couvrez; programmez 2 mn.

— Epluchez, lavez, émincez très finement le navet; ajoutez-le au contenu du récipient, couvrez, programmez 2 mn.

— Veillez à ce que la peau parcheminée du mouton soit retirée, coupez l'épaule en cubes de 5 cm et les hauts de côtelettes le long des os, en morceaux de deux côtes.

— Ajoutez la viande au contenu du récipient, remuez pour enrober les morceaux de fond de cuisson, ajoutez encore 20 cl d'eau chaude, couvrez; programmez 5 mn.

— Epluchez les pommes de terre, coupez-les en quartiers, lavez.

— Faites pivoter le récipient d'un quart de tour, ajoutez les pommes de terre, remuez pour les enrober également, salez et poivrez, remuez encore, ajoutez 20 cl d'eau chaude à nouveau, couvrez, programmez 5 mn.

— Laissez reposer 5 mn avant de vérifier la cuisson pour servir.

Curry d'agneau

1 kg d'épaule d'agneau
200 g d'oignons
40 g de beurre
1 cuil. à soupe bombée de
    curry de Madras en poudre
1 pomme reinette
sel, poivre
10 cl de lait de coco (1)

— Pelez et hachez les oignons, mettez-les dans un récipient avec le beurre et 10 cl d'eau, couvrez, programmez 3 mn.

— Veillez à ce que la peau parcheminée de la viande soit retirée, coupez en morceaux de 4 cm.

— Evidez et pelez la pomme, coupez la chair en lamelles.

— Faites pivoter le récipient d'un quart de tour, mêlez la poudre de curry aux oignons. Ajoutez la viande, la pomme et 20 cl d'eau, salez et poivrez, couvrez ; programmez 3 mn.

— Faites pivoter d'un quart de tour, remuez le contenu du récipient, ajoutez le lait de coco, couvrez ; programmez 3 mn. Faites à nouveau pivoter d'un quart de tour, remuez, programmez 3 mn. Recommencez une fois encore cette dernière suite d'opérations.

— Laissez reposer 3 mn. Faites pivoter d'un quart de tour, remuez, programmez 3 mn.

---

(1) Pour obtenir du lait de coco, mettez, dans un mixeur, un morceau de noix de coco épluché ou de la pulpe de coco et un peu d'eau, un peu plus s'il s'agit de pulpe ; faites tourner ; passez au chinois.

Moussaka

---

800 g d'épaule de mouton
1 kg d'aubergines
gros sel
150 g d'oignons
400 g de tomates très fermes
sel
poivre
50 g de farine
2 œufs
50 cl de lait
50 g de parmesan râpé
50 g de gruyère râpé (1)
une pointe de cannelle
50 g de beurre

— Epluchez les aubergines, coupez-les en rondelles fines, parsemez-les d'un peu de gros sel (pas trop pour ne pas avoir à les rincer pour les dessaler), laissez-les dégorger.

— Pelez et hachez les oignons, mettez-les dans un récipient, (de préférence un plat à gratin à bord haut) avec la moitié de l'huile, couvrez; programmez 2 mn.

— Pelez, égrenez les tomates, concassez-les (coupez la chair en petits morceaux), ajoutez-les aux oignons, remuez, couvrez; programmez 2 mn.

— Hachez à grille moyenne la viande, en éliminant soigneusement toute peau. Mettez le hachis dans le récipient, salez et poivrez, remuez pour bien la mélanger aux légumes, couvrez; programmez 2 mn.

— Retirez le contenu du récipient avec l'écumoire.

— Epongez soigneusement les rondelles d'aubergines. Versez la moitié de ce qui reste d'huile dans le récipient, disposez une couche de rondelles d'aubergines, en les chevauchant légèrement. Alternez couches de viande et couches d'aubergines, pour terminer par des aubergines. Arrosez avec le reste d'huile. Couvrez le plat soit avec son couvercle s'il en a un, soit avec une feuille de film plastique ; en ce dernier cas, pratiquez quelques trous sur le dessus. Programmez 2 mn.

— Faites pivoter d'un quart de tour, programmez 2 mn.

— Dans un saladier, délayez la farine avec les œufs entiers, puis avec le lait ; incorporez les fromages râpés, rectifiez l'assaisonnement en sel (il en faut peu et les fromages sont déjà salés), poivrez, ajoutez la cannelle.

— Parsemez le beurre en petites noisettes sur le contenu du récipient, arrosez avec le contenu du saladier, couvrez, faites pivoter le récipient d'un quart de tour ; programmez 5 mn.

— Laissez reposer 5 mn avant de servir.

---

(1) En **Grèce**, pays d'origine de ce plat, on n'utilise ni parmesan, ni gruyère, mais du kefalotiri.

Côtelettes de porc à la charcutière

4 côtelettes de porc secondes
125 g d'oignons
25 g de saindoux
1 cuil. à soupe de farine
3 cuil. à soupe de vinaigre de
    vin blanc
10 cl de vin blanc
1 cuil. à soupe de moutarde
    blanche forte
50 g de petits cornichons
10 cl de bouillon de volaille
    (voir bouillons de base au
    chapitre «potages et
    soupes»)
sel, poivre

— Pelez et hachez les oignons, mettez-les dans un récipient avec le saindoux, couvrez, programmez 2 mn.
— Poudrez avec la farine, mélangez; mouillez avec le vinaigre et le vin, couvrez, programmez 2 mn.
— Faites pivoter d'un quart de tour, mélangez au contenu du récipient la moutarde, les cornichons finement émincés et le bouillon; rectifiez l'assaisonnement. Enfouissez les côtelettes dans ce fond de cuisson, couvrez, programmez 2 mn.
— Faites pivoter d'un quart de tour, retournez les côtelettes en prenant soin de les recouvrir avec la préparation, couvrez; programmez 2 mn.

Rôti de porc au lait
A servir froid

Pour 8 personnes :   poivre
1 kg de carré de porc désossé   lait
250 g d'oignons   **1 bouquet garni**
20 g de saindoux   **(2 branches de thym,**
sel   **1/4 de feuille de laurier)**

— Pelez et hachez les oignons, mettez-les dans un récipient suffisamment grand pour recevoir le rôti, mais également à bord assez haut pour que le lait ne déborde pas ; ajoutez le saindoux, couvrez ; programmez 2 mn.

— Salez et poivrez l'intérieur de la pièce de viande, à l'endroit où se trouvaient les os, roulez, ficelez, mettez dans le récipient ; salez et poivrez, légèrement, l'extérieur.

— Posez la viande dans le récipient, versez du lait à mi-hauteur, ajoutez le bouquet ; couvrez en laissant une petite fente car le lait se sauve autant en cuisson micro-ondes qu'en cuisson traditionnelle ; programmez 5 mn.

— Faites pivoter le récipient d'un quart de tour, remuez le fond de cuisson en retournant la viande, couvrez en laissant toujours une petite fente ; programmez 5 mn.

— Retournez une nouvelle fois la viande en remuant le fond de cuisson, couvrez en laissant une fente, programmez 5 mn.

— Laissez reposer 15 mn. Retournez la viande dans le fond de cuisson, sans remettre au four. Laissez refroidir.

— Sortez le morceau de viande, essuyez-le pour retirer les grumeaux du lait. Enveloppez-le d'un film étirable et mettez au réfrigérateur.

— Servez froid, en coupant en tranches fines. La viande est très moelleuse.

Noisettes de porc aux pruneaux

750 g de carré de porc désossé
200 g de pruneaux
20 cl de vin blanc
50 g de beurre
sel
poivre
15 cl de crème fraîche
1 cuil. à soupe de gelée de
    groseille

— Dans un récipient, mettez les pruneaux, le vin et le beurre, couvrez, programmez 3 mn. Dénoyautez les pruneaux, faites pivoter le récipient d'un quart de tour, couvrez ; programmez 3 mn.

— Coupez le carré de porc en 8 tranches, mettez-les dans le récipient en les retournant pour qu'elles s'enrobent de fond de cuisson, salez et poivrez ; couvrez, programmez 3 mn.

— Faites pivoter d'un quart de tour, retournez les tranches de viande, ajoutez 2 cuillerées à soupe d'eau si nécessaire, couvrez, programmez 3 mn.

— Faites pivoter d'un quart de tour, ajoutez la crème, retournez les tranches de viande et remuez le fond de cuisson en rectifiant l'assaisonnement, couvrez ; programmez 2 mn.

— Sortez les noisettes de porc, mêlez la gelée de groseille au fond de cuisson, versez sur la viande.

Andouillettes à la moutarde

4 andouillettes (1)
150 g d'oignons
20 g de beurre
20 cl de vin blanc
sel
poivre
1 cuil. à soupe de moutarde
    blanche forte

— Pelez et hachez les oignons, mettez-les dans un récipient avec le beurre et le vin, couvrez; programmez
3 mn. Faites pivoter d'un quart de tour, remuez, couvrez, programmez 2 mn.

— Piquez les andouillettes en trois ou quatre endroits.
Mettez-les dans le récipient, en les retournant une fois ou
deux dans le fond de cuisson pour les enrober, salez et
poivrez légèrement (les andouillettes sont déjà salées),
couvrez; programmez 3 mn.

— Faites pivoter d'un quart de tour, retournez les andouillettes, couvrez; programmez 3 mn.

— Retirez les andouillettes, mêlez la moutarde au fond
de cuisson, vérifiez l'assaisonnement, versez-le sur les
andouillettes.

(1) Les andouillettes peuvent être à la ficelle ou au couteau, cela
dépend de votre goût, mais si elles sont enrobées de paraffine, veillez à
racler celle-ci avant de les mettre à cuire.

Boudin aux pommes

400 à 600 g de boudin noir
    roulé en escargot
50 g d'échalotes
50 g de saindoux ou de beurre
400 g de pommes,
    de préférence des reinettes
sel, poivre
une pointe de cannelle

— Maintenez l'escargot de boudin avec deux longs bâtonnets en bois le traversant de part en part en croix.

— Pelez et hachez les échalotes, mettez-les avec le tiers du beurre dans un récipient, couvrez, programmez 2 mn.

— Posez l'escargot de boudin à plat, sur les échalotes, piquez-le en quatre ou cinq endroits, couvrez; programmez 1 mn. Faites pivoter le récipient d'un quart de tour, retournez délicatement l'escargot de boudin en vous aidant des bâtonnets.

— Evidez, pelez les pommes, coupez-les en lamelles sur le boudin, salez et poivrez, poudrez avec la cannelle, parsemez le reste de beurre en petites noisettes; couvrez; programmez 3 mn.

— Sortez le boudin, retirez les bâtonnets, coupez en parts.

— Retournez les pommes avec précaution, sans les écraser, répartissez le fond de cuisson sur des assiettes chaudes, posez dessus une part de boudin.

Jambon en saupiquet

4 tranches de jambon de pays
  cru non fumé ni trop salé
  épaisses de 1,5 à 2 cm
120 g d'échalotes
50 g de beurre
3 cuil. à soupe de vinaigre
  de vin
20 cl de vin blanc
3 baies de genièvre
1 cuil. à soupe de farine
10 cl de bouillon de volaille
10 cl de crème fraîche
quelques feuilles d'estragon

— Pelez et hachez les échalotes, mettez-les dans un récipient suffisamment large pour recevoir les tranches de jambon à plat. Ajoutez le beurre, le vinaigre, le vin et les baies de genièvre, couvrez; programmez 3 mn. Faites pivoter d'un quart de tour, couvrez, programmez 2 mn.

— Retirez les baies de genièvre. Veillez à ce que les tranches de jambon n'aient plus de couenne, posez-les à plat dans le récipient, en recouvrant chaque tranche de fond de cuisson. Mouillez avec le bouillon et la crème, couvrez; programmez 2 mn.

— Faites pivoter d'un quart de tour, soulevez légèrement les tranches pour les séparer à nouveau par du fond de cuisson; programmez 2 mn.

— Laissez reposer 2 mn avant de servir.

Saucisse à la languedocienne

400 à 500 g de saucisse fraîche,
    dite de Toulouse, en un seul
    morceau
2 cuil. à soupe d'huile d'olive
400 g de tomates très fermes
4 gousses d'ail
1 bouquet garni (2 branches de
    thym, 2 branches de persil)
2 cuil. à soupe de vinaigre
    de vin
sel, poivre
2 cuil. à soupe de câpres
3 autres branches de persil

— Piquez la saucisse en cinq ou six endroits.

— Versez l'huile dans un récipient, posez la saucisse en rond, couvrez, programmez 1 mn. Retournez la saucisse, couvrez, programmez 1 mn.

— Pelez, égrenez les tomates, coupez-les en gros morceaux sur la saucisse. Ajoutez l'ail pelé et pilé, le bouquet et le vinaigre, salez et poivrez; couvrez, programmez 2 mn.

— Faites pivoter d'un quart de tour, retournez la saucisse, ajoutez les câpres, couvrez; programmez 1 mn.

— Sortez la saucisse, coupez-la en parts. Mêlez le persil finement haché au fond de cuisson, versez sur la saucisse.

Cervelles d'agneau aux herbes

4 cervelles d'agneau
sel
poivre
2 cuil. à soupe d'huile + 10 cl
   de vinaigrette abondam-
   ment additionnée d'herbes
   aromatiques fraîches
   finement hachées ou ciselées

— Passez les cervelles sous l'eau courante en retirant soigneusement toutes les peaux et vaisseaux. Les cervelles doivent apparaître pratiquement à nu, sinon elles ont tendance à éclater.

— Posez-les dans un récipient, salez et poivrez, arrosez chacune avec un quart de cuillerée d'huile. Versez 2 cuillerées à soupe d'eau dans le récipient, couvrez; programmez 30 s.

— Faites pivoter d'un quart de tour, retournez les cervelles avec précaution, piquez chacune sur le dessus en deux ou trois endroits avec un bâtonnet; programmez 15 s.

— Servez les cervelles, encore tièdes, en présentant à part la vinaigrette aux herbes.

Foie de veau (ou de génisse) aux échalotes

2 tranches de foie de veau
   (ou de génisse)
   de 1 cm à 1,5 cm
   d'épaisseur
   de 250 à 300 g chacune
150 g d'échalotes
10 cl de vinaigre de vin
50 g de beurre
sel
poivre

— Incisez les tranches de foie avec un petit couteau pointu d'office, tous les cm environ, sur tout le côté extérieur (le dessus du foie), de façon à ce que les tranches ne se déforment pas à la cuisson.
— Pelez et hachez les échalotes, mettez-les dans un récipient avec le vinaigre et le tiers du beurre, couvrez; programmez 2 mn.
— Remuez le contenu du récipient, posez les tranches de foie sans qu'elles se touchent, parsemez le reste de beurre en noisettes, salez et poivrez; couvrez, programmez 2 mn.
— Faites pivoter d'un quart de tour, retournez le foie, ajoutez 1 cuillerée à soupe d'eau chaude dans le fond du plat sans arroser le foie; couvrez, programmez 1 mn.
— Pour servir, coupez chaque tranche en deux, couvrez avec le fond de cuisson.

Rognons de mouton en brochettes

8 rognons de mouton
100 g de lard de poitrine
   maigre demi-sel blanchi
25 g de beurre
sel, poivre
1 citron

— Retirez la fine pellicule recouvrant les rognons; si celle-ci était laissée, les rognons seraient ratatinés; fendez chacun en deux dans sa longueur, sans séparer les deux moitiés. Retirez les parties blanches intérieures avec un petit couteau.

— Coupez le lard en petits cubes de 1 cm environ (il en faut 12).

— Sur des bâtonnets en bois assez longs, enfilez 1 cube de lard, 1 rognon légèrement entrouvert, 1 cube de lard, 1 rognon légèrement entrouvert, 1 cube de lard. Préparez trois autres brochettes de la même façon.

— Mettez le beurre dans un récipient, couvrez, programmez 30 s.

— Roulez les brochettes dans ce beurre, aidez-vous d'un pinceau pour badigeonner également l'intérieur des rognons, salez et poivrez. Couvrez, programmez 1 mn.

— Faites pivoter le récipient d'un quart de tour, retournez les brochettes, ajoutez 1 cuillerée à soupe d'eau chaude dans le plat sans arroser les brochettes; couvrez, programmez 1 mn.

— Pour servir, mêlez 1 à 2 cuillerées à soupe de jus de citron au jus de cuisson, arrosez les brochettes.

Volailles gibiers

Pour une meilleure réussite

■ Les micro-ondes ne sont pas calorifiques ; c'est une chose qu'il faut répéter sans cesse, surtout en ce qui concerne les volailles. Elles ne «croustillent» pas la peau de ces dernières. Une volaille cuite entière dans un four à micro-ondes — alors qu'excellente — n'aura donc pas cet aspect tentant qui est un argument essentiel pour l'appétit. Il faut trouver là encore un palliatif. Deux solutions sont possibles :
— ou **faire revenir au préalable la volaille,** comme on le fait d'ailleurs aussi assez souvent en cuisine traditionnelle, lorsque la préparation se fait à couvert ;
— ou mieux encore, arrêter la cuisson au four micro-ondes 2 à 3 mn avant sa fin pour **passer la volaille à la voûte du four traditionnel,** le plat ou la plaque à brunir n'étant suffisant que pour les petites pièces.

A noter que ces palliatifs ne sont pas une contrainte, le gain de temps apporté par le four à micro-ondes restant fort valable.

■ Au départ de la cuisson au micro-ondes, si la volaille est volumineuse, demandant une cuisson un peu plus longue, il est utile de **protéger les parties minces :** extrémités des pilons, ailerons, voire croupion si ce dernier n'a pas été rentré dans la cavité ventrale au moment où la volaille a été bridée. Cela ne peut se faire qu'en utilisant un «obstacle» aux micro-ondes, c'est-à-dire un protecteur ne les laissant pas pénétrer; choisissez un morceau de feuille d'aluminium ménager qui, en plus, peut se façonner selon le besoin, mais il est utile de rappeler que *ce ne peut être que pour une petite surface* ; en principe cet alu est retiré à mi-cuisson.

■ Pour la **volaille découpée**, généralement préparée en sauce, il n'est pas besoin d'apporter une coloration supplémentaire.

■ Pensez toujours, en troussant une **volaille destinée à être cuite entière**, à quelques détails importants :
— plaquez les abattis contre le corps (ils peuvent être maintenus par un bâtonnet en bois);
— obturez la cavité ventrale si le bridage n'est pas suffisant, avec un morceau de pain, cela étant surtout valable pour les très grosses pièces, dinde et oie.

■ Pour cuire des **pièces volumineuses** au four micro-ondes :
— placez d'abord dans le récipient une assiette creuse, ou un plat ovale creux à l'envers ; vous poserez la volaille dessus pour qu'elle ne baigne pas dans son jus ce qui gênerait l'uniformité de l'action des micro-ondes ;
— commencez, au départ, en posant la bête sur la poitrine.

■ Les **grosses volailles** ne doivent pas être farcies : chair et farce ne s'accommoderaient pas d'un même temps de cuisson.

◼ Evitez de saler une volaille qui n'est pas en sauce en parsemant le sel à sa surface : celui-ci dessècherait la peau. Il est mieux d'assaisonner la cavité ventrale, voire d'y mettre certains aromates, et d'assaisonner le jus de cuisson. Arrosez en cours de cuisson, toujours pour éviter un trop grand dessèchement.

◼ S'il s'agit d'une **volaille grasse** (poule, canard, oie), prenez soin, à mi-cuisson, de vider la graisse rendue, ou de décanter la sauce s'il y en a une.

◼ Le **gibier**, selon sa nature, se traite comme la volaille s'il est gibier de plumes, comme les viandes s'il est gibier de poils.

◼ Pour la cuisson des préparations volumineuses, pensez aux cocottes ovales, en matériau convenant à ce genre de cuisson.

Poulet basquaise

1 poulet en morceaux
400 g de poivrons moitié verts,
   moitié rouges
2 cuil. à soupe d'huile
100 g d'oignons
150 g de jambon de Bayonne
15 cl de vin blanc
400 g de tomates fermes
sel
poivre

— Essuyez les poivrons, équeutez-les, coupez-les en quatre dans leur longueur, enlevez toutes les graines. Versez l'huile dans un récipient, posez les poivrons sur leur côté extérieur, couvrez, programmez 2 mn. Retirez les poivrons avec l'écumoire.

— Pelez, émincez les oignons, coupez le jambon en dés ou en lamelles, mettez-les dans le récipient avec le vin, couvrez, programmez 2 mn. Faites pivoter d'un quart de tour, remuez, couvrez, programmez 1 mn.

— Introduisez les morceaux de poulet, retournez-les dans la préparation pour les enrober légèrement, couvrez, programmez 3 mn.

— Retirez la fine pellicule qui recouvre extérieurement les poivrons, coupez la chair en lanières. Pelez, égrenez les tomates, coupez la chair en morceaux grossiers.

— Faites pivoter le récipient d'un quart de tour, retournez le poulet, salez et poivrez, couvrez avec les lanières de poivrons et la tomate, couvrez, programmez 3 mn.

— Faites pivoter d'un quart de tour, retournez à nouveau le poulet, laissez cuire encore 1 mn sans couvrir.

Poulet chasseur

1 poulet en morceaux
75 g d'oignons
25 g d'échalotes
20 g de beurre
1 cuil. à soupe rase de farine
15 cl de vin blanc
10 cl de bouillon de bœuf (voir bouillons de base, chapitre «potages et soupes»)

1 bouquet garni (1 branche de thym, 2 branches de persil)
sel
poivre
100 g de champignons de couche
200 g de tomates fermes
1 citron
3 autres branches de persil.

— Pelez et hachez les oignons et les échalotes, mettez-les dans un récipient avec le beurre ; couvrez, programmez 1 mn. Poudrez avec la farine, mélangez, mouillez avec le vin, mélangez encore, couvrez, programmez 2 mn.

— Ajoutez le poulet, le bouillon, le bouquet, sel et poivre ; couvrez, programmez 3 mn.

— Nettoyez les champignons, émincez-les. Pelez, égrenez les tomates, concassez-les (coupez la chair en petits morceaux).

— Faites pivoter le plat d'un quart de tour, retournez le poulet, couvrez avec les champignons et les tomates ; couvrez le récipient, programmez 3 mn.

— Retirez les morceaux de poulet, remuez le contenu du plat, programmez 2 mn sans couvrir. Retirez le bouquet.

— Mêlez au fond de cuisson 2 cuillerées à soupe de jus de citron et le persil finement haché. Remettez les morceaux de poulet, tournez-les dans la préparation, programmez 1 mn sans couvrir.

Poulet vallée d'Auge

1 poulet coupé en quatre
2 poireaux bien blancs
150 g de carottes
50 g d'oignons
50 g de beurre
20 cl de bouillon de volaille
   (voir bouillons de base
   chapitre «potages et
   soupes»)
1 œuf
15 cl de crème fraîche
sel
poivre

— Epluchez les poireaux en ne gardant que 2 cm de vert, épluchez les carottes; lavez, émincez finement les légumes. Pelez et hachez les oignons. Mettez le tout dans un récipient avec le beurre et la moitié du bouillon; couvrez, programmez 2 mn.

— Faites pivoter le récipient d'un quart de tour, remuez les légumes, couvrez, programmez 2 mn.

— Faites pivoter le récipient d'un quart de tour, salez et poivrez les légumes, remuez. Posez côte à côte les quartiers de poulet, arrosez avec le reste de bouillon. Couvrez, programmez 3 mn.

— Faites pivoter d'un quart de tour, retournez le poulet, couvrez, programmez 2 mn.

— Délayez le jaune de l'œuf avec la crème, dans un bol.

— Faites pivoter le récipient d'un quart de tour, arrosez avec le contenu du bol, retournez une nouvelle fois le poulet, rectifiez l'assaisonnement du fond de cuisson; couvrez, programmez 2 mn.

— Laissez reposer 2 mn avant de servir.

Coquelets aux olives

2 coquelets
150 g d'oignons
20 g de beurre
100 g de chair à saucisse
80 g de mie de pain de
    campagne rassis
2 cuil. à soupe de lait
10 branches de persil plat

10 branches de cerfeuil
1 œuf
sel, poivre
100 g de lard de poitrine
    maigre demi-sel, blanchi
10 cl de vin blanc
125 g d'olives vertes
    dénoyautées

— Pelez et hachez les oignons, mettez-les dans un récipient avec le beurre, couvrez, programmez 2 mn.

— Prélevez la moitié des oignons avec l'écumoire, mettez-les dans un saladier avec la chair à saucisse, les abats des coquelets hachés au couteau, le pain émietté et humecté du lait, le persil et le cerfeuil finement hachés, l'œuf entier, sel et poivre ; mélangez intimement. Introduisez cette farce à l'intérieur des coquelets, cousez la cavité ventrale, bridez, abattis plaqués contre le corps.

— Dans le récipient, ajoutez le lard coupé en petits dés et le vin ; couvrez, programmez 2 mn.

— Posez les coquelets sans qu'ils se touchent, couvrez, programmez 4 mn. Faites pivoter d'un quart de tour, retournez les coquelets, couvrez, programmez 4 mn.

— Faites pivoter d'un quart de tour, retournez les coquelets une autre fois, ajoutez les olives, couvrez, programmez 4 mn. Faites une nouvelle fois pivoter, ajoutez éventuellement 1 à 2 cuillerées à soupe d'eau chaude si cela vous paraît nécessaire, couvrez, programmez 4 mn.

— Retirez les coquelets, rectifiez l'assaisonnement du fond de cuisson ; coupez chaque coquelet en deux, posez dans le récipient, farce sur le dessus, arrosez avec le fond de cuisson, programmez 1 mn sans couvrir.

Caneton aux navets

1 caneton (1)
150 g de mirepoix classique
   (voir chapitre « sauces et
   fonds de cuisson »)
800 g de navets
120 g de beurre
sel, poivre

une pincée de sucre semoule
1 brindille de thym
10 cl de bouillon de volaille
   (voir bouillons de base
   chapitre « potages et
   soupes »)

— Epluchez les navets (à l'époque des canetons, ils sont nouveaux donc tendres), lavez, émincez. Mettez-les dans un récipient avec la mirepoix et le tiers du beurre. Couvrez, programmez 3 mn.

— Faites pivoter d'un quart de tour, poudrez les navets avec le sucre, ajoutez les feuilles du thym, mouillez avec le bouillon.

— Salez et poivrez l'intérieur du caneton, mettez-y 20 g de beurre. Posez la volaille sur la poitrine, sur les navets. Couvrez, avec le couvercle du récipient si ce dernier est assez grand, sinon avec un papier sulfurisé que vous pouvez replier sous le récipient pour qu'il tienne. Programmez 5 mn.

— Faites pivoter d'un quart de tour, retournez le caneton et retournez les navets ; parsemez le reste de beurre en noisettes sur la volaille. Couvrez, programmez 4 mn.

— Faites pivoter d'un quart de tour ; s'il n'y a plus assez de jus de cuisson, ajoutez un peu de bouillon ou 1 à 2 cuillerées à soupe d'eau chaude ; salez et poivrez le légume. Remettez le caneton en place en le retournant. Couvrez, programmez 3 mn.

— Sortez le caneton, posez-le sur un plat de service allant au feu, passez-le 3 mn à la voûte du four traditionnel pour croustiller légèrement la peau. Présentez les navets à part.

(1) Un caneton n'est jamais très gras ; de plus, sa cuisson n'étant pas très longue, inutile de le poser sur une assiette retournée ; inutile également de retirer la graisse qu'il aurait pu rendre.

Canette aux pêches

1 canette coupée en quatre
100 g de mirepoix classique
(voir chapitre sauces et
fonds de cuisson)
80 g de beurre
2 cuil. à soupe d'eau-de-vie
de fruits au choix

sel
poivre
4 pêches blanches à bonne
maturité, sans trop
4 feuilles de menthe fraîche

— Mettez la mirepoix dans un récipient avec le quart du beurre, couvrez, programmez 2 mn.

— Posez les quartiers de canette côte à côte dans le récipient, parsemez 20 g de beurre en noisettes à leur surface ; couvrez, programmez 2 mn.

— Hors du four, arrosez la canette avec 1 cuillerée d'eau-de-vie enflammée ; lorsqu'elle s'éteint, salez et poivrez, retournez les quartiers dans le récipient ; couvrez, remettez dans le four, programmez 4 mn.

— Faites pivoter le récipient d'un quart de tour, retournez à nouveau la canette, programmez 2 mn.

— Pelez les pêches, coupez chacune en quatre en retirant les noyaux (si les pêches sont petites, vous pouvez en mettre deux de plus).

— Sortez les quartiers de canette, disposez-les sur un plat de service allant au feu.

— Mettez les quartiers de pêches dans le récipient, couvrez, programmez 3 mn.

— Pendant ce temps, passez la canette 2 mn sous la voûte allumée du four traditionnel.

— Disposez les pêches autour des quartiers de canette, rectifiez l'assaisonnement du fond de cuisson, mêlez-lui la seconde cuillerée d'eau-de-vie et la menthe finement ciselée. Versez sur la volaille pour servir.

Pintade au citron

1 pintade	(voir bouillons de base,
1 citron	chapitre «potages et
1 gousse d'ail	soupes»)
1 petite branche de céleri	1 bouquet garni
60 g de beurre	(1 branche de thym,
sel, poivre	2 branches de persil,
10 cl de vin blanc	4 branches de cerfeuil)
10 cl de bouillon de volaille	1 œuf
	15 cl de crème fraîche

— Lavez le citron, prélevez le zeste avec un couteau économe pour ne pas entraîner de partie blanche amère, jetez dans de l'eau en ébullition, égouttez à la reprise de l'ébullition; hachez finement avec l'ail pelé et le céleri.

— Coupez la chair du citron en quartiers. Retirez la barde avec laquelle la pintade est presque toujours vendue, frottez la peau de la volaille, sur toute sa surface, avec les quartiers de citron (attention, la peau est fragile). A l'intérieur de la pintade, mettez le hachis, 20 g de beurre, sel et poivre.

— Dans un récipient, mettez 20 g de beurre, le vin, le bouquet et le bouillon; programmez 2 mn sans couvrir.

— Posez la pintade sur la poitrine, dans le récipient, couvrez avec un couvercle si le récipient est assez grand, sinon avec du papier sulfurisé que vous pouvez replier sous le récipient pour le faire tenir. Programmez 4 mn.

— Faites pivoter d'un quart de tour, retournez la pintade, couvrez, programmez 3 mn. Recommencez une fois la suite de ces opérations.

— Délayez le jaune de l'œuf avec la crème, dans un bol.

— Sortez la pintade, retirez le bouquet; versez le contenu du bol dans le récipient, en mince filet, en battant. Découpez la pintade en quatre, récupérez les éléments mis à l'intérieur, mêlez-les au fond de cuisson, rectifiez l'assaisonnement. Posez les quartiers de pintade, programmez 2 mn sans couvrir.

Pigeons aux mandarines

2 pigeons
3 mandarines
120 g d'échalotes
60 g de beurre
1/2 branche de céleri
3 branches de persil
6 branches de cerfeuil
3 feuilles de menthe fraîche
100 g de riz grain rond cuit
   créole
1 cuil. à soupe de liqueur de
   mandarine
1 cuil. à café de cognac
sel, poivre
20 cl de bouillon de volaille
   (voir bouillons de base
   chapitre «potages et
   soupes»)

— Pelez et hachez les échalotes, mettez-les dans un récipient avec le tiers du beurre, couvrez, programmez 2 mn.

— Lavez 1 mandarine, prélevez la moitié de l'écorce, retirez soigneusement toutes les parties blanches. Hachez finement ce morceau d'écorce avec les abats des pigeons, le céleri, le persil, le cerfeuil et la menthe. Ajoutez le hachis au riz ainsi que la moitié des échalotes prélevées avec l'écumoire dans le récipient, la moitié de la liqueur et tout le cognac; salez et poivrez. Mélangez bien. Introduisez cette farce à l'intérieur des pigeons; cousez la cavité ventrale, bridez, abattis plaqués contre le corps.

— Dans le récipient, posez les pigeons, ajoutez la moitié du bouillon, couvrez; programmez 3 mn.

— Faites pivoter d'un quart de tour, retournez les pigeons, couvrez, programmez 3 mn. Renouvelez une fois la succession de ces opérations.

— Epluchez toutes les mandarines, séparez les quartiers, retirez leur peau et les pépins.

— Sortez les pigeons, versez le reste de bouillon dans le jus de cuisson, rectifiez l'assaisonnement, ajoutez les quartiers de mandarines et le reste de liqueur. Programmez 2 mn sans couvrir.

— Pour servir, coupez les pigeons en deux, posez chaque moitié sur une assiette, farce sur le dessus, entourez avec des quartiers de mandarines ; nappez avec le jus de cuisson.

Dindonneau de Noël aux marrons

Pour 12 personnes :
1 dindonneau de ± 3 kg 500
100 g d'échalotes
140 g de beurre
2 pommes reinettes
2 petits suisses
1 citron
un gros morceau de pain de
   campagne rassis
1 bouquet garni (2 branches de
   thym, 1/4 de feuille de
   laurier, 1 branche de céleri,
   2 branches de persil,
   4 branches de cerfeuil,
   le tout enfermant
   1 grosse gousse d'ail pelée)

40 cl de vin blanc
40 cl de bouillon de volaille
   (voir bouillons de base
   chapitre «potages et
   soupes»)
sel
poivre
2 dz de petits boudins blancs
   format cocktail
2 dz de chipolatas
2 grandes boîtes de marrons au
   naturel

— Dans un récipient (un grand plat sabot en Pyrex ou en Pyroflam ou en porcelaine à feu, de préférence avec un bord haut), mettez les échalotes pelées et hachées et 20 g de beurre, programmez 45 s. sans couvrir, remuez; programmez encore deux fois de suite 45 s en remuant entre les deux.

— Mettez ces échalotes à l'intérieur de la dinde avec les pommes évidées, pelées, coupées grossièrement en morceaux, les petits suisses, 20 g de beurre, le jus du citron, sel et poivre. A noter qu'il ne s'agit pas là d'une farce, simplement d'ingrédients destinés à donner du moelleux à la chair. Introduisez un quignon de pain pour obturer la cavité ventrale. Troussez et bridez le dindonneau en plaquant bien les abattis contre le corps en les maintenant avec un bâtonnet en bois. Enveloppez l'extrémité des pilons, les ailerons, le croupion avec un petit morceau de feuille d'aluminium.

— Dans le récipient, posez à l'envers un plat creux ovale, placez la dinde sur la poitrine, étalez à sa surface

50 g de beurre légèrement ramolli. Ajoutez le bouquet, le vin et le quart du bouillon. Couvrez de papier sulfurisé que vous pouvez replier légèrement sous le récipient pour qu'il tienne. Programmez 15 mn.

— Faites pivoter le récipient d'un quart de tour si le four le permet car le plat est long, sinon d'un demi-tour. Couchez la dinde sur un côté, arrosez-la avec le jus du plat, à l'aide d'une petite louche ; dans le jus, ajoutez 10 cl de bouillon, salez et poivrez. Couvrez, programmez 10 mn.

— Faites pivoter le plat d'un quart ou d'un demi-tour, couchez la dinde sur l'autre côté, arrosez-la ; remettez 10 cl de bouillon dans le jus, vérifiez son assaisonnement. Couvrez, programmez 10 mn.

— Faites pivoter le plat d'un quart ou d'un demi-tour, retournez la dinde poitrine en l'air, retirez les morceaux d'alu ; arrosez la volaille. Programmez 10 mn sans couvrir.

— Sortez la dinde, enveloppez-la complètement d'une feuille d'aluminium, laissez-la reposer 20 mn.

— Pendant ce temps, piquez les boudins blancs et les chipolatas, égouttez les marrons. Mettez le tout dans le récipient en retirant le bouquet (retirez aussi le plat ovale qui n'est plus utile ; ajoutez le reste de bouillon. Couvrez, programmez 5 mn. Remuez, couvrez, programmez 2 mn.

— Retirez l'aluminium qui recouvre la dinde, passez celle-ci sous la voûte d'un four traditionnel, juste le temps de croustiller légèrement la peau.

— Présentez la garniture à part.

Oie aux pruneaux

Pour 12 personnes :
1 petite oie à rôtir de 3 kg
    (ne pas confondre
    avec une oie grasse)
éventuellement un quignon de
    pain de campagne rassis
sel, poivre
20 cl de bouillon de volaille
    (voir bouillons de base
    chapitre «potages et
    soupes»)
20 cl de porto blanc
3 dz de pruneaux dénoyautés
    bien moelleux

— Salez et poivrez l'intérieur de l'oie. Troussez et bridez en plaquant bien les abattis contre le corps et en les maintenant avec de petits bâtonnets en bois (si la cavité ventrale est apparente, bouchez l'orifice avec un quignon de pain). Enveloppez l'extrémité des pilons, les ailerons, le croupion d'un petit morceau d'aluminium ménager.

— Dans un récipient (plat sabot, voir la précédente recette), posez à l'envers un plat creux ovale. Posez l'oie sur la poitrine, piquez la peau sur le dessus de place en place, avec une aiguille à brider. Mettez-la dans le four sans couvrir, programmez 15 mn.

— Egouttez toute la graisse rendue (vous pouvez la conserver pour cuisiner par ailleurs). Mélangez le bouillon avec la moitié du porto, salez et poivrez assez bien, versez sur l'oie pour bien l'arroser. Couvrez avec une feuille de papier sulfurisé que vous pouvez replier légèrement sous le récipient pour la maintenir. Programmez 10 mn.

— Faites pivoter le récipient d'un quart de tour si le four

le permet, sinon d'un demi-tour, retournez l'oie, retirez les morceaux d'alu, arrosez la volaille, programmez 15 mn.

— Retirez l'oie, enveloppez-la complètement d'une feuille d'alu, laissez-la reposer 20 mn.

— Avec une petite louche, retirez le gras qui surnage sur la sauce. Ajoutez le reste de porto, rectifiez l'assaisonnement. Ajoutez les pruneaux, couvrez, programmez 2 mn. Faites pivoter d'un quart ou d'un demi-tour, remuez les pruneaux, couvrez, programmez 2 mn.

— Retirez l'alu qui enveloppe l'oie, passez celle-ci sous la voûte d'un four traditionnel, le temps de rendre la peau croustillante.

— Accompagnez de la sauce aux pruneaux.

Foies de volaille en terrine

400 g de foies de volaille
200 g d'échine de porc
100 g de lard gras frais
    sans couenne
50 g d'échalote
4 branches de persil
2 œufs
sel, poivre
une pincée de quatre-épices
20 g de saindoux

— Escalopez la moitié des foies de volaille en éliminant toutes les peaux.
— A grille moyenne, hachez le reste des foies de volaille, l'échine de porc, le lard gras, les échalotes pelées et le persil. Mélangez intimement en incorporant les œufs entiers, sel et poivre et la pincée de quatre-épices, puis les escalopes de foie.
— Prenez un moule à cake en Pyrex, graissez-le avec le saindoux, mettez-y le hachis en tassant et en égalisant la surface.
— Couvrez avec une feuille de papier sulfurisé. Mettez dans le four à micro-ondes ; programmez 5 mn.
— Continuez à faire cuire 30 mn, en faisant pivoter toutes les 5 mn de un quart de tour.
— Laissez refroidir, mettez 24 h au réfrigérateur avant de consommer.

Gésiers au vin

800 g de gésiers
200 g de mirepoix classique
   (voir chapitre «sauces et
   fonds de cuisson»)
30 cl de vin rouge corsé
1 bouquet garni (1 branche de
   thym, 1/4 de feuille de
   laurier, 2 branches de persil)
sel
poivre
50 g de beurre

— Nettoyez les gésiers, coupez chacun en deux s'il s'agit de gésiers de poulets, en quatre s'il s'agit de gésiers de dindes ou d'oies.

— Mettez la mirepoix dans un récipient avec le vin; programmez 2 mn sans couvrir. Remuez, ajoutez le bouquet, couvrez, programmez 2 mn.

— Ajoutez les gésiers, salez et poivrez, remuez. Couvrez, programmez 10 mn.

— Faire pivoter d'un quart de tour, ajoutez la moitié du beurre, rectifiez l'assaisonnement, remuez, couvrez; programmez 5 mn.

— Laissez reposer 10 mn.

— Enlevez le bouquet, ajoutez le reste de beurre, remuez, couvrez. Programmez 2 mn.

Lapin farci

1 beau lapin aux rognons bien
    enveloppés de graisse très
    blanche
2 échalotes moyennes
1 gousse d'ail
100 g d'épaule de veau
100 g d'échine de porc
100 g de lard gras frais sans
    couenne
6 branches de persil
le vert d'une botte de bettes
2 œufs
sel, poivre
1 large crépine de porc
20 g de beurre
2 branches de sarriette

— Prélevez le foie, le cœur et les rognons du lapin,
mettez de côté la graisse qui enrobe ces derniers.

— A grille moyenne, hachez les échalotes et l'ail pelés,
les abats du lapin, le veau, le porc, le lard gras, le persil.
Laissez en attente.

— Lavez le vert de bettes, plongez-le dans de l'eau salée
en ébullition, égouttez 3 mn après la reprise de l'ébullition, passez sous l'eau froide pour raviver la couleur.
Pressez entre les mains pour exprimer toute l'eau, coupez le bloc obtenu en très fines tranches, ce qui donne
des lanières que vous ajoutez au hachis.

— Incorporez les œufs entiers, sel et poivre, mélangez
intimement.

— Coupez le cou du lapin au ras du corps, coupez l'extrémité des pattes pour ne garder que les parties char-
nues. Allongez le lapin, retirez encore les poumons qui
noircissent à la cuisson. Etalez la farce à l'intérieur de la
cavité de la poitrine et dans la cavité ventrale en rabat-

tant les flancs pour l'enfermer. Avec des bâtonnets en bois, plaquez et maintenez les pattes contre le corps.

— Trempez la crépine dans de l'eau tiède pour l'assouplir, enveloppez-en le lapin pour maintenir la farce.

— Dans un récipient, mettez le beurre, le vin et la sarriette, programmez 2 mn sans couvrir.

— Introduisez le lapin, couvrez, programmez 5 mn. Faites pivoter d'un quart de tour, retournez le lapin, couvrez, programmez 5 mn.

— Faites pivoter d'un quart de tour, retirez la crépine en veillant à ne pas ouvrir les flancs du lapin, arrosez avec le jus de cuisson ; couvrez, programmez 5 mn.

— Faites pivoter d'un quart de tour, retournez le lapin, arrosez à nouveau ; si le jus est trop évaporé, mettez 1 cuillerée à soupe d'eau chaude dans le fond du récipient ; couvrez, programmez 5 mn. Laissez reposer 10 mn.

— Le lapin farci peut se consommer chaud ou froid.

Note : si vous désirez désosser le lapin, la préparation n'en sera que plus spectaculaire et facile à découper.

Lapin à la tomate

1 lapin coupé en morceaux
   et son foie
200 g d'échalotes
10 cl d'huile d'olive
1 kg de tomates
6 gousses d'ail
sel, poivre
10 feuilles de basilic.

— Pelez, émincez les échalotes, mettez-les dans un récipient avec l'huile, couvrez, programmez 2 mn.

— Pelez, égrenez, coupez en morceaux grossiers les tomates. Pelez et pilez l'ail, mélangez-le aux tomates avec sel et poivre.

— Faites pivoter d'un quart de tour, remuez les échalotes en ajoutant les tomates, couvrez, programmez 2 mn.

— Faites pivoter d'un quart de tour, enfouissez les morceaux de lapin, sauf le foie, dans la préparation. Couvrez, programmez 5 mn.

— Faites pivoter d'un quart de tour, retournez le lapin, couvrez, programmez 5 mn.

— Faites pivoter d'un quart de tour, retournez une nouvelle fois le lapin, vérifiez l'assaisonnement, enfouissez le foie. Couvrez, programmez 2 mn.

— Pour servir, coupez le foie en escalopes, et remettez-les dans le plat.

Cailles aux coings

**8 petites cailles dodues
   prêtes à cuire
4 coings à bonne maturité
8 clous de girofle
2 cuil. à soupe de cognac
20 cl de porto blanc
sel, poivre
50 g de beurre.**

— La veille, essuyez les coings pour retirer le duvet cotonneux qui les recouvre ; coupez chacun en quatre, piquez la moitié de ces quartiers d'un clou de girofle, mettez-les dans un récipient (celui qui servira à la cuisson). Arrosez avec le cognac et le porto, laissez macérer 24 h en retournant deux ou trois fois.

— Mettez le récipient au four à micro-ondes, couvrez, programmez 5 mn.

— Faites pivoter d'un quart de tour, salez et poivrez, remuez, couvrez, programmez 5 mn.

— Salez et poivrez légèrement l'intérieur des cailles, enfouissez-les dans les coings, couvrez, programmez 5 mn.

— Faites pivoter d'un quart de tour, retournez les cailles en les intervertissant, couvrez, programmez 5 mn.

— Laissez reposer 10 mn. Vérifiez la cuisson des coings (elle dépend de leur maturité) ; au besoin, retirez les cailles, laissez-les en attente et programmez à nouveau les coings le temps voulu, éventuellement en ajoutant 1 à 2 cuillerées à soupe d'eau.

Faisan au chou

1 faisan coupé en quatre	100 g d'oignons
1 chou vert pommé de 800 g	200 g de carottes
vinaigre	sel
150 g de lard de poitrine	poivre
maigre demi-sel blanchi	50 g de beurre

— Retirez les feuilles extérieures du chou, coupez le trognon, coupez la pomme en huit, enlevez encore la partie blanche intérieure qui est la grosse côte des feuilles, lavez à l'eau vinaigrée pour faire sortir les insectes éventuellement logés entre les feuilles.

— Mettez le chou dans un faitout, couvrez d'eau froide, placez sur feu traditionnel doux, laissez 3 mn après la prise d'ébullition ; égouttez, coupez en fines lanières.

— Coupez le lard en très fines tranches, comme du Parme. Pelez, émincez les oignons. Epluchez, lavez, émincez également les carottes, comme des chips avec la râpe spéciale.

— Dans un récipient, mettez la moitié des tranches de lard, les oignons, les carottes, les lanières de chou. Salez et poivrez, arrosez avec 10 cl d'eau, parsemez le beurre en noisettes. Couvrez, programmez 5 mn.

— Faites pivoter d'un quart de tour, retournez le contenu du récipient, au besoin remettez 1 à 2 cuillerées à soupe d'eau, vérifiez l'assaisonnement des légumes.

— Posez les quartiers de faisan à l'envers, couvrez-les avec le reste des tranches de lard. Couvrez, programmez 5 mn.

— Faites pivoter d'un quart de tour, retournez les quartiers de faisan et enfouissez-les dans les légumes. Couvrez, programmez 5 mn.

— Laissez reposer 10 mn ; vérifiez la cuisson pour juger s'il faut programmer à nouveau quelques minutes.

Légumes

■ La cuisson des légumes au four à micro-ondes est toujours une découverte agréable : ils gardent toute leur couleur et toute leur saveur propre, ne demandant pratiquement pour cuire que 1 à 2 cuillerées à soupe d'eau pour éviter leur desséchement.

■ Pour cette même raison, il est conseillé de ne les saler qu'en fin de cuisson, sauf s'ils cuisent dans une sauce.

■ Pensez que les temps de cuisson dépendent de la quantité mise à cuire. Ainsi, une pomme de terre crue entière de 200 g, seule au centre de la sole du four cuira en 4 mn, mais 4 pommes de terre mises en même temps réclameront 10 mn. Ces différences sont importantes et sont mentionnées pour mémoire dans un tableau ci-après.

■ Les légumes avec peau (pommes de terre, tomate, etc.) s'ils ne sont pas pelés, doivent obligatoirement être percés de quelques trous faits avec un bâtonnet en bois pointu ; sinon, sous la pression intérieure de la vapeur, ils éclatent.

■ Pour les légumes demandant les plus longs temps de cuisson, n'oubliez pas de mettre un peu d'eau dans le fond du plat, ou de renouveler cette eau si elle est évaporée, pour éviter la déshydratation du légume.

Temps total moyen de cuisson (c'est-à-dire programmation réelle sans les temps de repos), **de légumes frais, dans un four à micro-ondes d'une puissance utile de 600 watts.**

artichauts		
gros entiers	placés individuellement dans un petit bol couvert avec 15 cl d'eau et 1 jus de citron	10 — 12 mn
fonds entiers	10 cl d'eau	7 — 8 mn
asperges (500 g)	10 cl d'eau	
petites		6 — 7 mn
grosses		8 — 9 mn
aubergines (500 g épluchées en dés ou tranches)	10 cl d'eau à renouveler ou 10 cl d'huile d'olive	11 — 14 mn
carottes		
100 g	2 cuil. à soupe d'eau	3 — 4 mn
250 g	4 cuil. à soupe d'eau	6 — 7 mn
500 g	10 cl d'eau (ou huile, beurre ou sauce)	7 — 8 mn
champignons (200 g)		
émincés	20 g de beurre 1 jus de citron	5 mn
céleri-rave (400 g)		
émincé	10 cl d'eau	9 — 11 mn
choux		
brocoli (500 g) queue fendue	10 cl d'eau	2 — 9 mn
Bruxelles (500 g) trempés d'abord 4 à 5 mn dans de l'eau vinaigrée	20 cl d'eau	6 — 7 mn

fleur (1 pomme) en bouquets séparés, queue fendue	10 cl d'eau	7 — 8 mn
pommé (moyen)		
— quartiers côtes retirées	20 cl d'eau	8 — 10 mn
— feuilles en lanières	5 cl d'eau	6 — 7 mn
concombres ou **courgettes** (500 g)	5 cl d'eau	6 — 7 mn
épinards ou **vert de bettes** ou **feuilles de salades**	tels quels	5 mn
encore mouillés	+ 20 g de beurre	+ 1 mn
haricots verts (500 g)	5 cl d'eau	
fins		6 — 8 mn
mange-tout		8 — 9 mn
maïs doux 4 épis entiers enveloppés	3 cuil. à soupe d'eau	8 — 9 mn
en grains	20 g de beurre et 2 cuil. à soupe d'eau	4 — 5 mn
navets (500 g émincés) les navets jeunes s'épluchent normalement, les plus vieux avec une pelure épaisse	2 cuil. à soupe + 50 g de beurre	8 — 10 mn

oignons (500 g)				
petits blancs	tels quels ou entiers	1 cuil. à soupe d'eau	5 —	7 mn
gros émincés ou hachés	3 cuil. à soupe d'eau ou de sauce ou de vin ou 20 g de beurre		5 —	9 mn
petits pois écossés (600 g) = 1 kg en cosses)	2 cuil. à soupe d'eau		4 —	6 mn

pommes de terre			
entières de 200 g	sur papier absorbant, jamais dans un récipient — s'il y en a plusieurs, les disposer en cercle sans qu'elles se touchent et sans en mettre au centre		
1 pièce		4 —	6 mn
2 pièces		6 —	8 mn
3 pièces		8 —	10 mn
4 pièces		10 —	12 mn
5 pièces		12 —	14 mn
6 pièces		16 —	18 mn
ne pas dépasser ce nombre			

tomates (500 g)			
entières piquées	sans rien	4 —	6 mn
coupées en deux			
— peau piquée	sans rien	3 —	4 mn
concassées		30 s —	2 mn

Notes : ces temps ne peuvent être qu'approximatifs selon l'époque de la cueillette, le temps écoulé depuis la cueillette, etc.; les légumes nouveaux cuisent plus vite.

D'autres préparations de légumes sont également données dans le cadre de recettes spécifiques (voir chacun des chapitres précédents).

Riz et pâtes

Le four à micro-ondes ne présente pas d'avantages pour ces produits qui ne cuisent guère plus vite qu'en cuisine traditionnelle étant donné qu'ils doivent être cuits dans une grande quantité d'eau.

Par contre, s'ils sont déjà cuits, ils peuvent être réchauffés sans aucun problème, leur réchauffage étant valorisé par rapport au réchauffage classique.

Cuits, ils peuvent également entrer dans les farces des recettes à passer au micro-ondes.

Fonds d'artichauts à la crème

4 artichauts moyens
1 citron
20 g de beurre
sel, poivre
15 cl de crème fraîche
4 à 6 branches de persil plat

— Cassez les queues des artichauts à la main pour entraîner les fibres dures implantées dans les fonds; retirez 2 à 3 rangées de feuilles extérieures, coupez avec un bon couteau les autres feuilles, au ras de la partie renflée; avec un petit couteau d'office, retirez environ 2 mm d'épaisseur sur tout le pourtour des fonds, comme si vous épluchiez épais des pommes de terre; retirez les foins.

— Sans attendre, posez les fonds en cercle, sans qu'ils se touchent et sans en mettre au centre, dans un récipient, et arrosez-les avec le jus du citron et 10 cl d'eau. Couvrez, programmez 4 mn.

— Faites pivoter le récipient d'un quart de tour, intervertissez la place des fonds d'artichauts en les retournant, salez et poivrez chacun. Couvrez, programmez 2 mn.

— Faites pivoter d'un quart de tour, remettez les fonds d'artichauts à l'endroit. Parsemez le persil haché et nappez de crème. Couvrez, programmez 2 mn.

Aubergines en fondue de tomate

500 g d'aubergine
10 cl d'huile d'olive
500 g de tomates très fermes
sel, poivre
6 gousses d'ail
8 branches de persil plat

— Epluchez les aubergines, coupez la chair en dés de 1 cm. Mettez-les dans un récipient avec la moitié de l'huile. Couvrez, programmez 4 mn.

— Faites pivoter d'un quart de tour, salez et poivrez légèrement, arrosez avec le reste d'huile. Couvrez, programmez 4 mn.

— Pelez, égrenez, concassez les tomates (coupez la chair en petits morceaux). Pelez et pilez l'ail. Hachez le persil. Mélangez le tout, salez et poivrez légèrement.

— Faites pivoter le récipient d'un quart de tour, remuez son contenu. Versez les tomates sur les aubergines, couvrez, programmez 4 mn.

— Vérifiez la cuisson des aubergines, qui doivent être tendres mais non écrasées, la tomate étant, elle, en purée.

Carottes aux noix

800 g de carottes
10 cl de bouillon de volaille
   (voir bouillons de base,
   chapitre « potages et
   soupes »)
50 g de beurre
150 g de cerneaux de noix
   (attention qu'ils ne soient
   pas rances)
8 branches de persil plat
sel, poivre

— Epluchez, lavez, émincez les carottes, finement comme des chips, avec la râpe spéciale. Mettez-les dans un récipient avec le bouillon. Couvrez, programmez 4 mn.
— Faites pivoter d'un quart de tour, remuez avec une spatule, sans trop écraser les carottes, en mêlant la moitié du beurre, les cerneaux grossièrement concassés, le persil haché, sel et poivre. Couvrez, programmez 4 mn.
— Faites pivoter à nouveau d'un quart de tour, ne remuez pas mais parsemez le reste de beurre en noisettes. Couvrez, programmez 4 mn.

Champignons farcis

8 gros champignons de couche
1 échalote
1 gousse d'ail
100 g de maigre de jambon cru
    de pays
4 branches de persil
1 œuf
sel, poivre
100 g de mirepoix bordelaise
    (voir chapitre « sauces et
    fonds de cuisson »)
1 cuil. à soupe d'huile d'olive.

— Nettoyez les champignons en laissant les chapeaux entiers.

— Hachez ensemble, assez finement, les queues des champignons, l'échalote et l'ail pelés, le jambon, le persil ; mélangez avec l'œuf entier, salez et poivrez.

— Répartissez la farce dans les chapeaux des champignons.

— Dans un récipient, mettez la mirepoix. Posez les champignons farcis en cercle, sans qu'ils se touchent et sans en mettre au centre, arrosez chacun avec quelques gouttes d'huile. Couvrez, programmez 3 mn.

— Faites pivoter d'un quart de tour, intervertissez les champignons, couvrez, programmez 2 mn. Répétez une nouvelle fois la suite de ces opérations.

Choux nouveaux à la vendéenne

En Vendée, on appelle «piochons» les choux nouveaux

**500 g de choux nouveaux
    dits encore choux pointus
    (ce sont des choux tendres
    non pommés)
1 cuil. à soupe de vinaigre
    de vin
400 g de pommes de terre
sel, poivre
100 g de beurre**

— Epluchez, lavez les choux. Mettez-les dans un récipient, en les coupant grossièrement en morceaux, avec
20 cl d'eau et le vinaigre ; couvrez, programmez 3 mn.

— Epluchez les pommes de terre, coupez-les en dés,
lavez-les.

— Faites pivoter le récipient d'un quart de tour, ajoutez
les pommes de terre, mélangez-les aux choux, salez et
poivrez. Couvrez, programmez 3 mn.

— Faites pivoter d'un quart de tour, Ajoutez le beurre
en noisettes (il en faut beaucoup), remuez. Couvrez,
programmez 3 mn.

— Faites pivoter d'un quart de tour, écrasez grossièrement la préparation à la fourchette, rectifiez l'assaisonnement. Programmez 2 mn sans couvrir.

Chou rouge aux pommes

1 petit chou rouge de ± 800 g
100 g d'oignons
50 g de saindoux
vinaigre
1 cuil. à café de cassonade
   (à défaut, de sucre semoule)
20 cl de vin rouge
400 g de pommes reinettes
sel
poivre

— Pelez et hachez les oignons, mettez-les dans la moitié du saindoux, couvrez, programmez 2 mn.

— Epluchez le chou rouge, coupez-le en huit, retirez la grosse côte blanche à l'intérieur de chaque quartier, lavez-le à l'eau vinaigrée. Coupez-le en fines lanières.

— Mettez le chou dans le récipient avec la cassonade et le vin ; couvrez, programmez 3 mn.

— Evidez, pelez, émincez en lamelles les pommes.

— Faites pivoter d'un quart de tour, remuez le chou en mêlant les pommes, sel et poivre. Couvrez, programmez 3 mn.

— Faites pivoter d'un quart de tour, remuez, rectifiez l'assaisonnement. Couvrez, programmez 2 mn. Renouvelez cette suite d'opérations deux ou trois fois selon la tendreté du chou, éventuellement en remettant 1 à 2 cuillerées à soupe d'eau chaude en cours d'opération.

Courgettes farcies

3 courgettes rondes moyennes
100 g d'échalotes
2 cuil. à soupe d'huile d'olive
300 g d'épaule de mouton
4 branches de persil
100 g de riz grain rond
   cuit créole
sel, poivre

— Pelez et hachez les échalotes, mettez-les dans un récipient avec l'huile, couvrez, programmez 2 mn.

— Lavez les courgettes, coupez-les en deux transversalement; avec une petite cuillère (cuillère à pamplemousse), enlevez la chair en ne laissant qu'une épaisseur extérieure d'environ 2 mm.

— Hachez la chair retirée avec la viande et le persil. Ajoutez le riz et les échalotes prélevées dans le récipient avec l'écumoire. Mélangez en salant et poivrant.

— Emplissez les demi-courgettes.

— Posez celles-ci en cercle dans le récipient, sans qu'elles se touchent et sans en mettre au centre. Couvrez, programmez 4 mn. Faites pivoter d'un quart de tour, intervertissez les demi-courgettes, couvrez, programmez 4 mn.

— Faites pivoter d'un quart de tour, intervertissez une nouvelle fois les courgettes, mettez 1 à 2 cuillerées à soupe d'eau dans le récipient. Couvrez, programmez 4 mn.

— Laissez reposer 2 à 3 mn avant de servir.

Endives au lard

8 endives moyennes
1 citron
150 g de lard de poitrine
   maigre
   demi-sel, blanchi
200 g de mirepoix classique
   (voir chapitre « sauces et
   fonds de cuisson »)
25 g de beurre
sel, poivre

— Nettoyez les endives en retirant sur chacune un petit cône à l'intérieur de la base, avec un petit couteau pointu. Essuyez-les sans les laver. Mettez-les dans le récipient, arrosez-les avec le jus du citron. Couvrez, programmez 4 mn.

— Faites pivoter le plat d'un quart de tour, retournez les endives ; couvrez, programmez 2 mn.

— Coupez le lard en 8 fines tranches. Enveloppez chaque endive d'une tranche (s'il reste du lard, coupez-le en dés). Remettez les endives dans le récipient, ajoutez la mirepoix, éventuellement les dés de lard supplémentaires, et le beurre en noisettes, salez et poivrez (tenez compte du lard). Couvrez, programmez 4 mn.

— Faites pivoter le récipient d'un quart de tour, retournez les endives, couvrez, programmez 2 mn.

Epis de maïs doux au beurre

4 épis de maïs doux
1 citron
25 g de beurre
sel, poivre

— Retirez les barbes des épis, mais laissez les feuilles. Posez les épis dans un récipient, sans qu'ils se touchent, ajoutez 2 cuillerées à soupe d'eau dans le plat. Programmez 3 mn sans couvrir.

— Faites pivoter d'un quart de tour, retournez les épis, au besoin remettez 1 cuillerée à soupe d'eau dans le récipient, programmez 2 mn sans couvrir.

— Retirez les feuilles des épis, remettez ceux-ci dans le récipient, ajoutez le jus du citron et le beurre en noisettes, salez et poivrez. Couvrez, programmez 2 mn. Faites pivoter d'un quart de tour, retournez les épis, couvrez, programmez 2 mn.

Oignons doux farcis

8 gros oignons doux
50 g de raisins de Smyrne
    (raisins secs bien trempés)
2 cuil. à soupe d'huile d'olive
250 g d'épaule de mouton
3 branches de coriandre
    fraîche
100 g de riz grain rond
    cuit créole
sel
poivre

— Mettez les raisins (sans queue) dans un bol, avec 2 cuillerées à soupe d'eau ; placez-les dans le four sans couvrir, programmez 2 mn.

— Pelez les oignons, retirez, à l'intérieur, des épaisseurs de pulpe en n'en laissant que deux extérieures.

— Hachez ce que vous avez retiré, mettez-le dans un récipient avec l'huile, couvrez, programmez 2 mn. Faites pivoter d'un quart de tour, remuez les oignons, couvrez, programmez 2 mn.

— Dans un saladier, mettez la viande hachée avec la coriandre, les oignons prélevés dans le récipient avec l'écumoire, le riz ; mélangez intimement, salez et poivrez.

— Emplissez les oignons avec la farce. Posez en cercle dans le récipient, sans qu'ils se touchent et sans en mettre au centre ; versez 2 cuillerées à soupe d'eau dans le récipient. Couvrez, programmez 4 mn.

— Faites pivoter d'un quart de tour, intervertissez les oignons, couvrez, programmez 3 mn. Renouvelez la succession de ces opérations une fois ; voyez s'il faut la renouveler encore.

Petits pois à la française

600 g de petits pois
   (ce qui correspond ± à 1 kg
   de pois en cosses)
2 petites laitues nouvelles
50 g de beurre
une pincée de sucre semoule
3 branches de persil plat
1 dz de très petits oignons
   blancs nouveaux
sel, poivre

— Epluchez, lavez les laitues, coupez chacune en quatre. Mettez-les dans un récipient avec le beurre, le sucre
et le persil en branches entières. Couvrez, programmez
2 mn.
— Ajoutez les petits pois et les petits oignons pelés,
couvrez, programmez 4 mn.
— Faites pivoter d'un quart de tour, remuez les légumes, salez et poivrez, remuez encore. Couvrez, programmez 2 mn.
— Théoriquement les légumes sont cuits, mais si vous
les aimez très attendris, vous pouvez renouveler une fois
la dernière opération.

Tomates à la provençale

4 belles tomates très fermes
    (cela est important)
3 gousses d'ail
8 branches de persil
sel, poivre
3 cuil. à soupe d'huile d'olive

— Coupez les tomates transversalement en deux, enlevez la peau en veillant à ne pas les déformer, éliminez le maximum d'eau et de graines sans presser les fruits.

— Posez les demi-tomates en cercle dans un récipient, sans qu'elles se touchent et sans en mettre au centre.

— Pelez l'ail, passez-le au mixeur avec l'huile.

— Salez et poivrez légèrement le dessus des tomates, arrosez-les avec le contenu du mixeur. Couvrez, programmez 3 mn.

— Faites pivoter d'un quart de tour, intervertissez les tomates de place, couvrez, programmez 2 mn.

Desserts

Pour une meilleure réussite

La diversité des desserts est telle qu'on ne peut définir de généralités valables pour l'ensemble des préparations, mais il est des points essentiels à connaître.

■ La cuisson des fruits aux micro-ondes est parfaite ; les compotes, les fruits au vin, etc. peuvent se préparer pratiquement à la minute. L'envie d'un dessert aux fruits, au moment du hors-d'œuvre, peut être satisfaite dès le fromage dégusté.

■ Pourtant, il est en ce domaine également des restrictions à faire quant à la coloration. Une pomme au four, bien cuite à cœur, n'a guère changé d'aspect extérieurement ; il faut donc prévoir de la caraméliser.

■ Les fruits à peau, comme la pomme, doivent être «cernés» sur tout leur pourtour (petite fente peu profonde faite au couteau) comme souvent en cuisine traditionnelle d'ailleurs. Si cette incision n'est pas prévue, le fruit éclate.

■ Il est préférable de dénoyauter les fruits à gros noyau ; en effet, ce dernier cuit avant la pulpe, et c'est aussi une cause d'éclatement.

■ Les fruits secs ne peuvent être utilisés que largement réhydratés, sinon on les retrouve dans les préparations comme des cailloux.

■ Les entremets aux œufs peuvent être réalisés à condition que blancs et jaunes soient intimement battus car, ayant des compositions différentes, ils ne réagiraient pas de la même façon à l'intérieur des préparations.

■ Les flans et crèmes se réussissent mieux dans les fours à micro-ondes à programmation lente.

■ Les blancs d'œufs en neige, mis seuls dans le four, montent beaucoup, mais retombent très vite dès que l'émission de micro-ondes cesse. Par contre, incorporés à des pâtes, ils jouent leur rôle d'allégement.

■ Les pâtes déjà cuites (fonds de tartes, croûtes de feuilletages, etc.) se réchauffent parfaitement en quelques secondes, permettant le service de pâtisseries tièdes.

■ La cuisson des gros gâteaux est accélérée, mais il est indispensable de couvrir les moules, sinon ils deviennent secs, se déshydratant énormément.

■ Là encore, l'absence de coloration calorifique oblige à prévoir, après cuisson, des nappages ou des garnitures car les gâteaux restent couleur de la pâte.

■ Enfin, en ce domaine également, il est indispensable de réviser ses habitudes car une pâtisserie commence à cuire à cœur avant de cuire sur le pourtour.

Compote de quetsches

**500 g de quetsches
à bonne maturité
10 cl de vin blanc
une pincée de cannelle
en poudre
3 clous de girofle
75 g de sucre semoule, ou un
peu plus selon la qualité des
fruits**

— Equeutez, dénoyautez les quetsches.
— Mettez-les dans un récipient avec le vin, la cannelle, les clous de girofle pilés (boules seulement sans la queue). Remuez pour bien répartir les épices. Couvrez, programmez 2 mn.
— Faites pivoter d'un quart de tour, remuez le contenu du plat. Couvrez, programmez 2 mn.
— Faites pivoter d'un quart de tour, ajoutez le sucre en mélangeant bien. Couvrez, programmez 3 mn.
— Goûtez pour juger de la cuisson et du besoin d'ajouter ou non du sucre. Si la cuisson doit être prolongée, procédez par périodes de 2 à 3 mn. Si vous remettez du sucre, reprogrammez obligatoirement 3 mn.

Coulis de cerises

Pour napper certaines crèmes et particulièrement la crème glacée à la vanille

400 g de griottes
50 à 100 g de sucre semoule
selon la qualité des fruits
2 à 3 cuil. à soupe de
marasquin

— Equeutez, dénoyautez les griottes.
— Mettez-les dans un récipient avec 10 cl d'eau, couvrez, programmez 2 mn.
— Faites pivoter d'un quart de tour, remuez le contenu du récipient, ajoutez le sucre, remuez à nouveau. Couvrez, programmez 3 mn.
— Laissez reposer 3 à 4 mn.
— Passez au mixeur. Laissez refroidir.
— Ajoutez à volonté du marasquin, de 2 à 3 cuillerées.
— Mettez au réfrigérateur, en couvrant.

Bananes au rhum

4 bananes
60 g de beurre
100 g de cassonade
1 petite pincée de cannelle
   (à peine)
2 cuil. à soupe de crème fraîche
1 à 2 cuil. à soupe de rhum
   ambré

— Dans un récipient, mettez le beurre, la cassonade, la cannelle, la crème, mélangez en battant légèrement. Couvrez, programmez 2 mn.

— Faites pivoter le récipient d'un quart de tour. Faites rouler dans la préparation les bananes épluchées, tous filaments retirés, pour bien les enrober. Disposez-les en cercle dans le récipient, sans en mettre au centre. Couvrez, programmez 2 mn.

— Faites pivoter le récipient d'un quart de tour, retournez les bananes, arrosez avec le rhum. Couvrez, programmez 30 s. Retirez le couvercle, programmez 1 mn.

Note : il est possible de ne pas incorporer le rhum à la cuisson et de flamber les bananes à la sortie du four, pour les servir.

Pommes au four

**4 pommes (reinettes Canada
  de préférence)
3 cuil. à soupe de cassonade
50 g de beurre
une pincée de cannelle.**

— Essuyez les pommes, évidez assez largement le cœur. Pratiquez une fente circulaire peu profonde, sur son pourtour, de préférence au tiers de la hauteur du fruit (il ne s'agit que d'entamer la peau).

— Malaxez ensemble 2 cuillerées de cassonade, le beurre et la cannelle. Introduisez la pommade obtenue à l'intérieur des fruits.

— Posez ceux-ci en cercle dans un récipient, sans qu'ils se touchent et sans en mettre au centre. Versez 2 cuillerées à soupe d'eau dans le plat. Couvrez, programmez 3 mn. Laissez reposer 3 mn.

— Faites pivoter le récipient d'un quart de tour, intervertissez les pommes, déposez à leur surface la dernière cuillerée de cassonade. Programmez 1 mn sans couvrir.

Poires au vin

6 poires à bonne maturité
   (pas trop)
150 g de sucre semoule
40 cl de vin rouge
une pincée de cannelle en
   poudre
3 clous de girofle

— Pelez les poires, coupez-les en deux, retirez le cœur dur et les pépins. Posez les fruits dans un récipient, côte à côte, poudrez avec le sucre ; laissez macérer 2 h.

— Dans un grand bol (ou un petit saladier), versez le vin, ajoutez la cannelle et les clous de girofle pilés (boules seulement sans la queue). Mettez dans le four sans couvrir. Programmez 5 mn. Remuez. Programmez 5 mn.

— Versez le vin sur les poires, couvrez, programmez 2 mn.

— Faites pivoter le récipient d'un quart de tour. Vérifiez la cuisson des poires : elles doivent rester en forme sans s'effondrer. Si elles ne sont pas tout à fait cuites (cela dépend de leur degré de maturité) programmez à nouveau par périodes de 1 mn, en couvrant.

— Prélevez les poires avec l'écumoire, sans les briser, posez-les dans le compotier de service. Programmez le jus de cuisson 5 mn, sans couvrir. Renouvelez éventuellement l'opération, le sirop devant avoir une consistance nappante. Versez sur les fruits. Laissez refroidir. Mettez au réfrigérateur en couvrant.

Rhubarbe fondante

---

500 g de rhubarbe
200 g de sucre semoule

— Rafraîchissez les deux extrémités des tiges de rhubarbe en les coupant au couteau ; enlevez la fine pellicule qui les recouvre sur toute leur surface. Coupez en tronçons de 3 cm environ.

— Mettez-les dans un récipient avec 2 cuillerées à soupe d'eau. Couvrez, programmez 2 mn. Remuez en essayant de ne pas trop écraser la rhubarbe, poudrez avec le sucre, couvrez, programmez 2 mn.

— Faites pivoter le récipient d'un quart de tour, retournez les morceaux de rhubarbe (ils sont devenus fragiles, évitez de les mettre en compote). Laissez reposer 2 mn.

— Programmez 2 mn récipient couvert.

— Servez tiède.

Sauce au chocolat

Pour nappage (poires au sirop — profiterolles — etc.)

100 g de chocolat amer
50 g de beurre

— Cassez le chocolat en morceaux dans un bol, ajoutez 10 cl d'eau, programmez 2 mn sans couvrir.
— Ajoutez le beurre, couvrez, programmez par périodes successives de 10 s en remuant à chaque fois, jusqu'à ce que la préparation ait une consistance crémeuse.
— Versez cette sauce chaude sur les préparations auxquelles elle est destinée.

Note : cette sauce peut être préparée à l'avance ; il suffira, au moment de l'utilisation, de la programmer 20 à 30 s en couvrant.

Clafoutis

---

500 g de cerises noires
20 g de beurre
200 g de farine
une pincée de sel
100 g de sucre semoule
3 œufs
50 cl de lait
1 cuil. à soupe de sucre glace

— Equeutez, dénoyautez les cerises, mettez-les dans un récipient, avec le beurre, couvrez, programmez 1 mn.

— Dans un saladier, mélangez la farine, le sel et le sucre, creusez en fontaine, incorporez un à un les œufs entiers, puis le lait.

— Versez cette crème sur les cerises. Sans couvrir, programmez 3 mn. Faites pivoter d'un quart de tour, programmez 3 mn. Faites encore pivoter d'un quart de tour, programmez 3 mn. Vérifiez la cuisson avec la lame d'un couteau, il se peut qu'une programmation supplémentaire de 1 à 2 mn soit nécessaire (attention, au four à micro-ondes on constate le degré de cuisson d'un gâteau en plantant la lame du couteau non pas au cœur, mais sur le côté.

— Laissez reposer 5 mn. Poudrez avec le sucre glace et passez sous la voûte d'un four traditionnel pour colorer légèrement.

Tarte au sucre

300 g de pâte brisée
150 g de beurre
125 g de sucre semoule

— Abaissez la pâte à 2 mm d'épaisseur, piquez l'abaisse de place en place avec la roulette à pâte ou avec les dents d'une fourchette. Retournez l'abaisse pour garnir une assiette à tarte en porcelaine à feu bien beurrée. Façonnez un tout petit rebord.

— Mettez la tarte dans le four sans couvrir, programmez 2 mn. Faites pivoter d'un quart de tour, programmez 1 mn.

— Badigeonnez le rebord de la pâte avec un pinceau trempé dans de l'eau et poudrez tout de suite de sucre (ce sucre donnera un bel aspect à la pâte qui, sinon, serait terne). Etalez le reste de sucre sur toute la surface de la tarte. Parsemez en petites noisettes tout le reste de beurre. Arrosez d'eau en procédant comme vous le faites pour mouiller du linge pour le repassage : trempez les doigts ou un pinceau dans un bol d'eau et secouez au-dessus de la tarte. Tout le sucre doit être humidifié, mais évitez d'humidifier le rebord de pâte.

— Remettez au four, programmez 3 mn, sans couvrir. Faites pivoter d'un quart de tour, programmez 1 à 2 mn selon l'aspect de la tarte, les grains du sucre ne devant plus être visibles.

— Laissez tiédir, ou laissez refroidir selon votre goût.

Gâteau au chocolat

6 œufs
100 g de sucre semoule
250 g de chocolat amer
125 g de beurre

50 g de farine
50 g de fécule
   de pommes de terre

— Dans un plat creux, battez vigoureusement les jaunes des œufs et le sucre, jusqu'à ce que la préparation blanchisse, devenue lisse et crémeuse.

— Cassez la moitié du chocolat en morceaux dans un grand bol, ajoutez 2 cuillerées à soupe d'eau, placez dans le four sans couvrir, programmez 2 mn. Remuez. Programmez à nouveau par périodes de 30 s en remuant, jusqu'à ce que le chocolat soit bien fondu.

— Battez ce chocolat à sa sortie du four en lui incorporant peu à peu 100 g de beurre très légèrement ramolli.

— Continuez à battre les jaunes d'œufs en leur incorporant peu à peu également le mélange chocolat-beurre, puis la farine et la fécule, enfin, très délicatement la moitié des blancs d'œufs montés en neige très ferme.

— Beurrez un moule à manqué en porcelaine à feu ou en Pyrex, versez-y la pâte. Couvrez, programmez 3 mn.

— Faites pivoter d'un quart de tour, programmez 3 mn. Faites pivoter d'un quart de tour, programmez 3 mn.

— Au bout de ce temps, vérifiez la cuisson avec la lame d'un couteau ; si elle ne ressort pas sèche, poursuivez la cuisson par période de 1 mn, en faisant pivoter d'un quart de tour entre chacune d'elles.

— Râpez le reste de chocolat avec un couteau, ce qui donne des copeaux se roulant plus ou moins.

— Lorsque le gâteau est cuit, laissez-le reposer 5 mn, démoulez et, pendant qu'il est encore tiède, couvrez le dessus avec les copeaux de chocolat. Laissez refroidir.

Petits gâteaux au citron

---

25 cl de lait
1 citron
4 œufs
120 g de sucre semoule
200 g de farine
150 g de beurre

— Faites bouillir le lait, laissez-le tiédir.

— Lavez le citron, prélevez le zeste avec le couteau économe pour ne pas entraîner de partie blanche amère, jetez le zeste dans de l'eau en ébullition, égouttez au bout de 1 mn. Passez au mixeur.

— Dans un plat creux, battez vigoureusement les jaunes des œufs avec le sucre, jusqu'à ce que la préparation blanchisse, devenant lisse et crémeuse.

— Incorporez le zeste mixé, puis, peu à peu, la farine, le beurre fondu et enfin le lait tiédi.

— Beurrez des petites tasses (sans anse) genre bolées à cidre (au micro-ondes, toute la vaisselle peut devenir moule), répartissez la pâte.

— Faites cuire, pas plus de 6 tasses à la fois, en disposant les récipients en cercle, sans qu'ils se touchent et sans en mettre au centre. Couvrez, programmez 2 mn. Intervertissez les tasses, couvrez, programmez 2 mn. Vérifiez la cuisson pour juger s'il faut renouveler l'opération, par période de 30 s ou de 1 mn.

N'oubliez pas le four à micro-ondes pour les actes habituels de la vie quotidienne

---

■ Si vous utilisez des préparations instantanées pour votre café, votre thé, votre chocolat du matin, mélangez celles-ci à l'eau directement dans la tasse (sans anse) ou dans le bol et programmez de 30 s à 2 mn selon la quantité.

■ Si vous avez préparé le café la veille, réchauffez-le dans votre bol dans le four à micro-ondes : *il n'aura aucun goût de réchauffé.*

■ Pensez-y également pour la tisane du soir,

■ ou pour le lait du **biberon**.

toutes sortes d'utilisations qui simplifieront la vie.

Index des recettes

Table des matières

Gastronomie

Marabout Service

Marabout Flash

Cuisine du monde entier

Cuisine couleurs

Vie quotidienne

Maison / Décoration

Marabout Service

Guide Pratique

Marabout Flash

Superflash

Jardinage

Marabout Service

Guide Pratique

Marabout Flash

Superflash

Bricolage

Marabout Service

Marabout Flash

Animaux familiers

Marabout Service

Marabout Flash

Superflash

IMPRESSION : BUSSIÈRE S. A., SAINT-AMAND (CHER). — Nº 1200.
D. L. AVRIL 1986/0099/89
ISBN 2-501-00752-2
Imprimé en France